大阪裏の歩き方

花田庚彦 著

B・カシワギ
用心棒勝男 協力

彩図社

はじめに

筆者が大阪に興味を持ったのは、25年以上も前のことだ。

土地勘やツテはなく、知り合いもいなかったが、西成周辺で事件が起きるたびに足を運び、体当たりで裏社会事情を取材した。その後、週刊誌の大阪駐在記者となり、ミナミをはじめとした繁華街を取材する機会も増えた。生活者として街を歩き、地元の人と美味い酒場を探し回ったこともある。

そうして培ったネットワークを生かして大阪の裏側に迫るのが、本書『大阪 裏の歩き方』である。


取材を始めたばかりの頃、大阪はめちゃくちゃだった。西成では覚醒剤を24時間買うことが可能で、覚醒剤を求めてやってきた車が、西成の交差点にずらりと並ぶ時代もあった。

それから月日が経ち、大阪はきれいな街に生まれ変わったが、それは表面的な姿である。大阪本来の、良くも悪くも人を惹きつける魅力は、裏側にこそ宿っている。その裏側を、本書を通じて皆さんにご案内したい。薬物事情、裏社会情報、夜遊びスポット、ディープな飲食店案内など、ガイドブックやインターネットではお目にかかれない、マニアックな大阪情報をお届けしよう。

なお、一部の項目は特別寄稿というかたちで、なんば白鯨のB・カシワギさんにご執筆いただいた。B・カシワギさんは大阪で複数の飲食店等を経営しており、大阪カルチャーに詳しい。2024年末に飲食街の営業を終える味園《みその》ビルでも、魅力的なイベントを多数催してきた。飲食店情報のみならず、五大新地の歩き方など、ディープな内容も書いていただいたので、読者の皆さんにはご満足いただけることと思う。

また、風俗事情の裏側については、大阪風俗界のセキュリティに長年携わっている用心棒勝男に協力・執筆をお願いした。筆者も知り得ない、業界の裏まで精通した人物である。こちらも刺激的な内容なので、お楽しみいただけるはずだ。

それでは早速、大阪の〝裏〟を満喫するツアーに出かけよう。

大阪　裏の歩き方【目次】

第2章 大阪 夜の歩き方

第４章 大阪ダークサイドスポット

本書の内容は、２０２４年６月末までに著者が現地で行った取材をもとにしています。料金や各種データに関しては、その後変動する可能性があることをご了承ください。

第1章 大阪アンダーグラウンド

西成で覚醒剤を売る外国人たち

～浄化作戦後の西成のクスリ事情～

浄化作戦後の西成

「西成だったら、いまも覚醒剤を買えるのか」

筆者が西成を定期的に取材していると言うと、かなりの確率でこう質問される。かつてこの地域は、24時間覚醒剤が買えることで知られていたからだ。

太子《たいし》の交差点を中心に売人が数メートルおきに立ち、車でドライブスルーのように覚醒剤を買える街。古くは太子プラザや踏切脇、オーシャン前、コインロッカー前などの売り場が有名で、覚醒剤愛好家は「あそこのネタは品質がいい」「あそこは量が多い」などと、ネットや口コミで情報交換をしていた。関西はもとより、日本全国から覚醒剤を求める人間が集まった。

　それが一変したのが、２０１２年から始まった大阪市による西成浄化作戦以降だ。当時大阪市長だった橋下徹が目玉政策として西成特区構想をぶち上げ、西成の闇を徹底的に取り締まったのである。

　それでも、筆者が2、3年前に取材した際には、覚醒剤の売買は細々と行われていた。街角に売人が立っていることはなかったが、知り合いの紹介があればドヤを拠点とする売人から買うことができたのだ。

西成区太子。かつて太子の交差点は覚醒剤を買う車でごった返した

　では、それから数年経った現在はどうなっているのであろうか。

　以前、取材した売人の携帯電話に電話したが、〝現在使われておりません〟と空しいアナウンスが流れる。

「前はドヤとかに売人がおったけど、パクられたりして壊滅したな」

覚醒剤などの裏事情に詳しい人間に話を聞くと、そんな答えが返ってきた。どうやら、かつての売人は絶滅状態にあり、西成でシャブを買うことは難しくなったようだ。

もっとも、全く手に入らないかというと、そうでもないらしい。

「まあ、ベトナム人とか外国人が、持っていることは持ってるな。けど彼らはよほどのことがない限り直接日本人には売らへん。ホンマに知りたいんやったらベトナム人紹介できるで」

大国町で仕入れた薬物を売るベトナム人

日を改めて、ベトナム人を紹介してもらった。西成では話はできないと言われたので、少し離れた地域の喫茶店で、紹介者とともにテーブルを囲んだ。年齢や住んでいる地域、仕事などはすべて聞かないという条件で話を聞いた。

売人のグェン（仮名）は、技能実習生として来日して1年半の若者だ。

「シャブのほかに大麻、ＭＤＭＡとかなんでも持っているよ」

西成周辺地図。新今宮駅の南側から萩ノ茶屋駅一帯のエリアが、ドヤ街で知られるあいりん地区（釜ヶ崎）。動物園前駅の南側にある太子周辺が、覚醒剤の売買場所として有名だった

と流暢な日本語で話す。

仕入れ先はベトナムではなく、日本のようだ。

「西成に卸元があるけど、けっこう高いから大国町《だいこくちょう》の売人からいろいろ買ってる」

実際、西成の覚醒剤事情を取材している最中に、隣接する鶴見橋の名前とともに、大国町の名前は挙がっていた。

住民パワーで撤退したが、大国町にはかつて、風俗街があった。加えて、ミナミと西成の中間地点なので家賃が安い。ひと昔前と比べるとマシになったが、いまでも怪しさの残る地域である。

グェンいわく、大国町には何件も仕入れ先があるという。西成にあった中間卸元や売人が、交通の便がいい大国町に移り住んでいるらしい。

では、大国町に行けば一般人がシャブを買うことはできるのか。

グェンは「買えない」と即答した。売人が移り住んだといっても、浄化作戦後であるから、数は多くない。かつて覚醒剤などを仕切っていた暴力団も、逮捕リスクの高さから末端に売ることも避けているようだ。グェンにしても、仕入れた違法薬物のほとんどは仲間内で安く売って遊んでいるだけだと話す。

ただし、グェンは知り合いの紹介であれば、日本人にも売ることがあるという。給与だけではやっていけないので、違法薬物を売買して、生活の足しにしているとのこと。だが、生活の足しと言いつつ、薬物の月の稼ぎは給与を超えているという。

「一番売れるのは大麻、次にＭＤＭＡ、覚醒剤は人気がない」

かつて西成で一番人気の違法薬物は、覚醒剤であった。大麻は覚醒剤を抜くときのおまけくらいの位置づけであったが、人気は逆転していた。

ベトナム人がなぜ売人に？

グェンが違法薬物の売買を始めたのは、１年前。ベトナムでも違法薬物をやっていたので、日本での転落も早かった。バイト先で日本人の先輩から大麻を勧められたのがきっかけでユーザーになると、いまでは売人として、大麻だけでなくＭＤＭＡや覚醒剤のバイヤー、つまり売人にもなった。

グェンは５年間日本に滞在できる資格を持っているが、５年経っても母国のベトナムに帰る気はないという。

「日本とベトナムでは稼げる金額が違う。いま日本で稼いだお金はベトナムの家族に地下銀行を使って送金してる。不法滞在になっても日本に残って、いままでにつくったネットワークを太くしたり、お金持ちの人脈をつくりたい。強制送還になるまで続けるつもりだよ」

法務省の統計によると、技能実習生の失踪者の6割がベトナム人であるという。失踪者のなかにはろくな仕事に就けず、グェンのように違法行為に手を染める者もいる。そうした連中は、捕まるリスクを恐れるよりも、貧しい母国に帰る前に、稼げるうちに稼いでおこうと思うのだろう。

グェンが違法薬物を売買する場所は西成区内ではあるものの、もともと覚醒剤売買の温床であったあいりん地区とは場所が違う。筆者が過去に取材をした売人たちも、すでに西成にはいなかった。

大規模な取り締まりによって古くからの売人が姿を消した一方で、新たな売人たちが場所を変えて、細々と薬物を売りさばく。西成らしいといえば、西成らしい光景である。

大阪ミナミの大麻売買の実態
〜草の仕入れ先から売人の見分け方まで〜

大麻の供給地ミナミ

覚醒剤の街として悪名を轟かせた西成は、行政によって浄化された。その一方で勢いを増しているのが、難波、道頓堀、心斎橋を中心とした一大繁華街ミナミだ。ミナミでは、西成でかつて人気があった覚醒剤ではなく、全国的に人気が上昇している大麻の売買が盛んである。

ミナミ在住のある人間は次のように語る。

「僕は渋谷にもよく行きますが、草を吸っている人間はミナミのほうが圧倒的に多いですね。ミナミは渋谷と違って、ストリートで誰もが草を買うことができますよ。いちげんの

人間にもリスクを考えずに売ってしまう人間が多いですし」

実際、大阪は全国的に見ても、大麻の検挙・補導数が多い。特に10代の検挙数は全国一、しかも年々増加傾向にある。最近では、ユーザーがうなぎ上りで増え続けてきたことで、品質を求める声も大きくなっているという。この項目ではそんな、大阪の最新大麻事情をレポートしよう。

ミナミで人気が広がる高品質大麻

関東にも関西にも、大麻を国内で栽培するグロワーはゴロゴロいる。大麻の農耕セットが中華サイトなどを中心に安く売られているため、手を出しやすいのだ。こうした国内産の大麻は、ミナミではグラム4000〜5000円程度で買うことができる。

「大阪の草は、岡山県のグループから引いている人間が多いと思います。けっこう人気ですよ」

前述の人間は、日本の大麻栽培現場にも行ったことがあるらしい。

「詳しい場所は言えませんが、岡山県のとある過疎地で多く栽培されていました。大きい温室があって、なかに１㎡くらいの小さい畑が複数ある。そこの畑では４カ月で１回刈り取りができるそうです。

１回の収穫で商品として出せるモノは、一つの畑で６００グラムくらい。出し値でグラム６００～８００円程度です。そこから何人かの手に渡って流通します」

舌の肥えたユーザーになると、高品質の草を求めて、海外産にも手を出すらしい。

大阪には年に数回ほど、タイなど東南アジアから１００キロ単位の大麻が入ってくるそうだ。質がいいため多くのプッシャーが競うように買い求め、あっという間に品切れになるという。

「海外から入ってきたハイブリッドだと、７０００円で売れる。草好きからすれば、グラム２０００円高くても、喉から手が出るほど欲しい商品ですよ」

ちなみに、プッシャーが海外産を仕入れるときの値

ミナミではタイなど東南アジアの大麻の人気が出始めている

段は、グラム1000円程度だ。

日本の商品とは、何が違うのであろうか。

「効き目も見た目も違いますね。岡山の草も人気はありますが、海外産には到底見た目も質も及びません」

もっとも、最近では日本でも、高品質な大麻が栽培されているらしい。その場所がなんと、大阪にあると噂になっているのだそうだ。

「生駒《いこま》の近くにも数人のグロワーが栽培している場所があると聞きました。そこのものは品質がよく、かなりの人気があるらしいです。だけど買い取る人間が決まっているらしく、僕らの近くには入ってきません」

大麻需要が増加し続けているからこそ、グロワーたちは質の向上を図っているのだろう。実際、質がよければ高くてもすぐになくなる。警察や税関は取り締まりを強化しているが、大麻熱が冷めるのは、まだまだ先のことかもしれない。

売人の見分け方

ミナミに草が蔓延していることはわかった。では、常用者たちはどこで大麻を買っているのか。前述の人物いわく、「路上で売っている人間も多いですよ」とのこと。

「路上で買うとすれば、ミナミにある鰻谷《うなぎだに》の暗い路地裏に、数人で派手な自転車に乗っている人間が売人です。すぐにわかりますよ。そこで声をかければ、彼らは自転車に乗ってすぐにモノを用意してくれます。毎日いるかはわかりませんが」

ただ、そこまで質は高くないようだ。

「彼らは末端プッシャーで、自分らの余りのネタを出してくるので質はいいとは言えません。それに値段が高い。まあ、一応草らしい匂いはしますけどね」

加えて、当然ながらリスクもある。

「路上で買う場合、職質のリスクがすごく高いです。売人かと思って話しかけたら私服警官だったという話も聞いたことがあります」

そうしたリスクを避けるために、クラブなどで売買されるケースもある。

「クラブやミナミの外れにあるマイナーな個人経営のシーシャバーなどが、草を買うには一番簡単です。クラブの店員に言えば、すぐに用意してもらえる。渋谷もそうでしたが、ＶＩＰルームで完全に匂いを遮断して遊べる店がミナミには多くあります。そこを見つけるのが一番の早道です。一度買えばあとは秘匿通信アプリでやりとりできますからね」

と、裏事情を語った。

とはいえ、近年は大麻使用者に対する取り締まりが強化されている。警察が大麻取引の場として目をつけている店も、少なからずあるだろう。軽い気持ちで手を出さず、法の範囲で楽しめる娯楽のほうが、安全かつ安心である。

西成の風物詩〝泥棒市〟の最新事情
～取り締まりを強化する警察とのいたちごっこ～

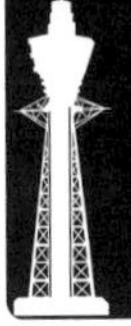

西成の早朝

西成の朝は早い。

仕事を求める労働者が、午前3時過ぎから動き出す。彼らの需要に合わせて、4時頃にはコインランドリーなどの店も開いている。これはこれで西成らしい光景だが、西成の朝の風物詩といえば、やはり〝泥棒市〟である。

泥棒市とは、南海電鉄の高架下に軒を連ねた違法露店のことをいう。かつては摘発・再開を繰り返しながらも、300～400軒がひしめき合っていたが、再開発や特区構想の浄化作戦によって規模は縮小。筆者が数年前に訪れたときは、センターの裏にレジャーシー

賑わいを見せていた2015年頃の泥棒市の様子

トを敷いた簡易的な露店が、10店舗にも満たない数で、細々と「営業」していた。
泥棒市はかつて、海外の蚤の市やフリーマーケットのような場だった。出所がわからない意味不明なモノを売り手と値段交渉して、楽しむ。それが様変わりして、近年は賞味期限の切れた弁当や睡眠導入剤、向精神薬などを違法に売る店舗ばかりが目立つようになった（詳細は、拙著『西成で生きる』（彩図社）を参照されたい）。
その様子がさらに変化したと聞いて、西成に再び足を運んだ。

泥棒市のお引越し

初春の寒く薄暗い朝方の3時に、筆者は西成の泥棒市を訪れた。
この時間帯から、医師の処方箋がいらない無許可のクスリが売られる。

当然、行政にバレれば売り手は医薬品医療機器等法違反に問われる。だが、この時間帯から遅くとも午前6時くらいには、店は撤収する。品切れや摘発を恐れて、この手の露店は人目のつかない時間に動き出し、早々と店を閉めるわけだ。

だが、今回の取材では、午前3時を過ぎても露店が開く気配はない。それに、以前取材した際には少ないながらも客はいたものだが、今回は行き交う人がいつも以上に少ない。

おそらく背景には、大阪府警による取り締まりがある。大阪府警は、泥棒市を徹底的に壊滅させようと目論んでいる。取り締まりの根拠はいくらでもある。無修正のわいせつDVD販売はわいせつ物頒布等罪（刑法175条）や著作権法、無許可のクスリは医薬品医療機器等法、道の占拠は道路交通法に反しているといった具合だ。

時たま泥棒市の摘発が報道されることがあるが、それは全体のほんの一部であり、実際はかなりの頻度で警察は動いている。週に数回摘発を行うこともザラだ。

30分経ったが、露店が開く気配は一向にない。そこで西成に古くから住む友人に連絡を取り、実態を聞いた。

「数日前も摘発があったから場所を変えているかと思う。今日やっているかわからへんけど、別の場所におらへんかな。知り合いに聞いてみるわ」

しばらく待つと、「今日は萩之茶屋《はぎのちゃや》の高架下でやっている」という。写真を撮らないという約束をして、早速同地へと向かった。

知人の言っていたとおり、萩之茶屋高架下に数人がレジャーシートを敷いて、違法露店を開いていた。相変わらず並べられていたのは、出所不明のクスリや違法ＤＶＤだ。規模は小さく3店舗だけであった。高架下はたいしたスペースがないし、近くには生活道路も走っている。この軒数が限度であろう。

友人に紹介してもらった人間に、話を聞いた。まずは、場所を変えた理由についてである。

「あの場所で数日はやらへん。3日前に警察が来て何人か身柄持ってかれたんや。翌日やったら平気やろ思って店を開いた人間も、警察に身柄持っていかれた。客も事情聴取されたと聞いたで。海外の旅行客が増えているし、万博も始まる。せやから泥棒市は目の敵にされてるし、社会問題化しているグリ下の若い子らも、同じ理由で警察は必死に取り締まろうとしてるわ」

警察による取り締まりについて、朝日新聞はこんな内容の記事を書いている。

２０１３～２０２２年の10年間で、西成署は釜ケ崎の露店絡みで１２３事件のべ１３９人を摘発している。違法または無許可の商品を販売目的で所持・陳列した容疑だ。商品は無修正のわいせつＤＶＤが79事件82人、著作権を侵害するコピー商品（主にＤＶＤ）が37事件48人、医師の処方が必要な医薬品が７件９人。ほかに道路の無許可使用で22件を摘発している（朝日新聞２０２３年10月28日より）

萩之茶屋の高架下（泥棒市が開かれていない日に撮影）

いままでも泥棒市は飽きるほど摘発されてきたが、警察がやってきた翌日には、何事もなかったようにまた開かれていた。そんな図々しさが看過されないほど、いまの警察は本気ということか。

しかし、気になることが一つある。萩之茶屋の高架下は、以前泥棒市が開かれていた場所より、西成警察署に近い。目立つところの話では

西成警察署

なく、いつ警察にバレてもおかしくない距離だ。

なぜわざわざこんな場所を選ぶのか。灯台下暗しを狙って、目くらましであえて近くを選んでいるのだろうか。

「特に深く考えてはないな。捕まる人間は微罪ですぐに釈放されるしな。そりゃ何回も捕まって累犯となれば、罰金とかのきつい刑になる。けど、この場所で売っている人間はわしも含めてほとんどが生活保護受給者や。役所にバレへん限り生活保護の金も入ってくるし、タダ飯も食えるし、22日で帰れればあまり気にせんとちゃうかな」

「22日で帰れる」とは、逮捕から勾留までの実質的な最大期間22日を過ぎれば帰れるということだ（本当は最大23日だが、逮捕の最終日と勾留の最初の日が重なって、現実的には22日になることが多い）。

同じような話は、過去の取材でも聞いたことがある。似た人間を引き寄せる何かが、泥棒市にはあるのかもしれない。

泥棒市は儲かるのか

取材した人物は、病院に行ってタダで手に入れたクスリを泥棒市で売って、生活の足しにしているという。

とはいえ、こんな環境で売買をして、生活の足しになるのだろうか。午前5時過ぎになれば、始発が通る。その30分前には駅が開くと考えると、営業時間はかなり限定的だ。

「別に贅沢しなきゃ十分稼げるで」

前述の人物いわく、睡眠導入剤は1シート１５００円から２５００円。協定があるようで、それ以上安く売れないらしい。ただし、「早く帰りたいときは値引きして売っちゃうけど」とのことだから、けっこうザルなのだろう。

「わしは生活保護やから、不眠症のクスリをタダでもらえる。それで足りなくなったらほかの生活保護受給者から1シート５００円で譲ってもらうんや。ここで2、3シートも売れれば、いい飯も食える、焼酎も飲める。それさえあれば何にも困らん」

実際、彼らはその日暮らし以上のクスリは持ち歩かない。話を聞かせてくれた男も、持ち合わせは4シート（40錠）だった。

しかし、家に帰るとかなりの量があるという。自分がガサ入れされるのを恐れ、隣の住人の部屋を倉庫代わりにして、クスリを隠し持っているのだとか。

「実際な、量持っていてもいいことあらへん。暇だとオーバードーズするしな、手持ちで置いておくと逮捕された際の量刑に関わるから、ホンマは近くに隠して置いておくのが理想や。けどな、ここらの人間は油断できへんから、隠していてもパクられてしまうんや。彼ら犬より鼻が利くからな」と、自嘲気味に話をしてくれた。

筆者が話を聞いている間にも、数人の客が来て目の前でクスリを買う交渉をしていた。値段や求めているクスリが違ったのか、売れることはなかった。

いつもの場所で泥棒市が発生！

以上で取材を終えるつもりだったが、翌日の午前4時に、知り合いから電話がかかってきた。

「寝てたんか？　あのな、今日これからいつもの場所でけっこう大きい泥棒市やるらしいんや。教えとこ思って」

一方的にそう言われて、電話を切られた。急展開である。

爆睡していた筆者は、急いで顔を洗い着替えをして、現地に飛んだ。

時刻は午前5時。この時間の空はもう薄明るい。

現地には、客と露天商の姿が普段の倍は見える。露天商はレジャーシートやブルーシート、違法ＤＶＤなどを入れる箱を並べて、路肩に座り込んでいた。露店の数は10軒くらいであろう。

様子を観察していると、泥棒市の責任者と思われる人間が近づいてきた。筆者がスマホを手に持っていることを、不審に思ったようだ。凄みを見せて話しかけてくる。

「あんた見たことあるな、写真撮ってないか？　東京の人やろ、何しに来たん？」

だいぶ警戒されている。とっさにポケットに入れていた１０００円札を１枚出して、「眠れるクスリ買おうと思って」と嘘をついた。

昨日の取材で、クスリの値段は１５００円から２５００円までという協定があることはわかっていた。値引きは一切してはいけないという決まりだから、これで切り抜けられるはずだ。

男は「そか」と、落胆したような態度をとった。だがすぐに、「ちょっと待っててな、安いのあるか聞いてくるわ」と、その場を去った。

協定は、案外適当なのかもしれない。持ってこられると断り切れない雰囲気だったので、責任者の男がいないうちに、その場を去ろうとした。するとその場を、自転車に乗った警察官2名が通りかかって、ちょっとした騒ぎになった。多くの人間が、身分証や持ち物の検査対象となる。隙を見て、なんとかその場を後にした。

おそらく今回は、巡回パトロール中の警察官が、たまたま発見したのだろう。大阪府警が本気で摘発する気なら、私服警察官を乗せたパトカーや護送車を帯同するのが普通である。

念のため付け加えるが、泥棒市は観光名物でも名所でもない。本来は、ここで暮らす労働者のためにつくられた居場所だ。興味本位で荒らすのは誰にとってもメリットはない。仮に行くという場合でも、マナーを守って違法なモノには手を出さずに楽しんでいただきたい。

グリ下キッズはいかにして生きているのか

～取材してわかったこの街でのアングラ生活～

グリ下キッズの生活費の稼ぎ方

大阪ミナミにある戎橋《えびすばし》、通称ひっかけ橋の横に、グリコの大きな看板がある。大阪観光に来たら、この橋の上でグリコのポーズをして写真を撮るのが定番だ。

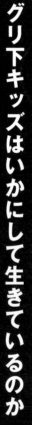

２０２０年くらいからはグリコの看板の下に、不登校児や家庭内に問題がある未成年男女が集まるようになってきた。若者を中心とした、グリ下キッズと呼ばれる集団だ。新宿のＴＯＨＯビル横に集まるトー横キッズの大阪版としてメディアで騒がれたから、いまではすっかり有名だ。

コデインやマイスリーなどの処方箋依存、ブロンなど市販薬の過剰摂取、未成年売春など、グリ下キッズ絡みの問題は多い。南署や大阪府警本部が取り締まりを強化したが、いまでも居場所を求めてこの地にやってくる若者は少なくない。

知名度が低いときから筆者のもとには噂が流れていたが、数人から「あそこには近寄らない方がいい」と聞いていたので、取材する機会はあまりなかった。

しかし、本書のテーマが大阪の裏である以上、避けて通るわけにはいかない。大阪の裏事情に詳しい用心棒勝男から、グリ下によくいたという洋子（仮名）を紹介してもらい、話を聞いた。

洋子は17歳。高校3年生の年だが、家出をしているから学校には行っていない。同年代の若者がいると聞いて、以前はよくグリ下に集まったようだが、最近ではあまり行っていないのだという。といっても、よくよく聞くとやっていることはあまり変わっていないらしい。

「外国人の観光客が多く集まって、うちらの居場所を奪ったんや。だからグリ下の反対側に集まって、数人で話して時間つぶししている」

大阪には海外からの観光客が多いし、メディアの影響でグリ下の知名度が上がって、見

グリ下の様子

グリ下付近に集まる若者

物人も来るようになった。そのため、一部の若者たちはグリコの看板下ではなく、その看板が見える場所に集まって夜を過ごしているのだ。

家がないから、毎日泊まるのは友だちの家かネットカフェ、カラオケ。あるいはその日に知り合った男とラブホテルに泊まる。

売春の客は、どこで集めているのだろうか。

「初めはXとかで探してたけど、いまは使ってない。目立つし、サイバーパトロールが怖いって友だちが言うから」

代わって洋子が利用しているのが、メイドカフェだ。

メイドカフェは、法的には16歳から働くことが可能だ。だから、グリ下キッズでも働ける。だが、法的に問題がなくても、メイドカフェはグレーゾーンで、売春探しに使われることも珍しくない。大阪では、後述するJKリフレと並んで売春の隠れ蓑となっていると、筆者は見ている。すべてがそうとは言わないが、大阪では、一種の風俗カテゴリーに入ると言っても過言ではない。

むろん、メイドカフェの収入もあるが、たいてい時給はあまり高くない。洋子の場合、毎日働いているわけでもないから、それだけでは暮らせないだろう。実際、

「週に3万くらい稼いでるけど、普通に遊んでいればすぐなくなるわ」
と言っていた。

グリ下キッズのクスリ事情

ひっかけ橋近辺では一時期、市販の風邪薬などを過剰に摂取する、オーバードーズが問題になった。取材時に界隈のドラッグストアを見てみると、万引き防止のためだろうか、オーバードーズに最適なクスリは店頭には置かれず、代わりに空き箱が並んでいた。

ご多分に漏れず、洋子も周りにつられて、クスリに手を出していた。本来なら処方箋がなければ手に入らない睡眠導入剤なども、簡単に入手できると洋子は言う。

「保険証がないから医者には行けないけど、Xで知り合った人から定期的に睡眠導入剤や向精神薬を買ってるわ」

「不眠症なの？」と、かまをかけて聞いてみると、正直な意見を聞けた。

「いや、夜は普通に眠れるんやけど、昼間に3錠くらい飲んでフラフラするのが気持ちいいんや。処方箋のクスリ飲んだら、もう市販薬には手は出せへんし、戻れない」

また、「フリマアプリで取引している子もぎょうさんおるで」とのこと。

やり口はこうだ。まず、SNSのXでクスリを売ってくれる人を見つける。相手はフリマアプリで、クスリとは別の商品を「○○さん（買い手のニックネーム）専用」で出品する。クスリが欲しい○○さんはそれを落札。出品者がクスリを発送して取引は完了だ。これなら、フリマアプリのやりとり上は、クスリとは別の商品を買ったようにしか見えない。

もっとも、警察が捜査すれば、こんな取引はすぐバレる。XのDMが警察に確認されれば、一発で補導される案件であろう。そこまでやるほど警察が暇ではないだけで、いつバレてもおかしくはない。やり口が世間に知られるようになったり、社会的な問題になれば、すぐに警察は取り締まりを始めるだろう。

相場より高い値段でクスリを入手

処方箋のクスリはいくらで買っているのだろうか？

「種類によって違うけど、高いのは1錠300～500円」

ということは、10錠入っている1シートだと、3000～5000円だ。薬価《やっか》どころか、泥棒市の値段よりもかなり高い。完全なぼったくりだ。西成の泥棒市には若い男女の客が増えているのだが、もしかしたら洋子のような若い客に横流しをするのが目的なのかもしれない。

１シートをどのくらいのペースで買っているのか聞くと、
「多いときは週に2、3回。友だちと一緒に飲んでいるからすぐになくなる。割り勘で買ってるけど、クスリ代も馬鹿にならないから最近は少し控えてるわ」
と語る。クスリを供給する側にとっては、おいしいカモであろう。

なお、洋子はＬＩＮＥでの取引は危ないからやらないと答えたが、ＳＮＳやフリマアプリを使った取引も、別に安全ではない。基本的に、ネットを介したやりとりは記録が残る。ただ単に警察が捜査していないだけだ。グリ下キッズたちはリスクをある程度は承知しているようだが、こんな調子だといつ悪い大人の餌食になってもおかしくはない。

当然ながら、用途以外に睡眠導入剤を使うのは危険だ。睡眠導入剤を酒に混ぜて性犯罪を行う、デートレイプドラッグも問題になっている。

製薬会社も問題視して、酒に混ぜると変色するなどの工夫を薬に加えているが、皮肉にも、その工夫が若者たちにはウケている。「変色した舌がインスタ映えする！」などと言って、ファッションの一つとなっているのだ。

取材を終えた翌日にミナミの街を歩いていると、偶然にも洋子とすれ違った。目が合ったが、反応はない。素通りすると、洋子はそのまま人ごみのなかへと消えていった。

大阪の裏社会に君臨する三大勢力
～暴力団・半グレ・環状族の現在～

ミナミの暴力団事情

かつて、大阪の裏社会は複雑で、大小さまざまな暴力団が点在し、縄張り争いを繰り広げていた。

2015年には六代目山口組が神戸山口組と分裂、その2年後の2017年には神戸山口組が任侠団体山口組（現絆會《きずなかい》）と分裂し、三つ巴の戦いとなった。

多くの組事務所がある大阪は、三者の主戦場の一つになった。ここ最近は落ち着きをみせているが、当時は半グレも巻き込んだ抗争事件が起こり、報道されないレベルの小競り合いは、毎日のように発生していた。

争いの最前線になったのは、心斎橋、難波などのミナミである。一般人にも馴染みが深いから、観光で訪れたことがある人もいるだろう。まずはこの地の勢力図を整理し、順を追って大阪の裏社会の実態を明らかにしていきたい。

結論から言えば、大阪はいま、六代目山口組一色である。

大阪の千日前には、神戸山口組の主要組織・宅見《たくみ》組があった。だが、宅見組は２０２２年に神戸山口組から離脱、翌年の２０２３年４月に宅見組本部事務所が民間企業に売却されると、組織としての神戸山口組は大阪から完全に撤退した。

絆會も、一応はミナミの島之内に本部の事務所がある。だが、本家が神戸市長田区を中心に活動しているために、その姿を見かけることはない。

一方、六代目山口組は、三つ巴の戦いの最前線であったミナミに、複数の組織を擁している。弘道会、秋良《あきら》連合会、一心会などの勢力があるが、最も目立っているのは兼一会《かねいちかい》である。兼一会は神戸山口組傘下組織であったが、２０１８年に処分されると、六代目山口組に復帰。以降、勢力を拡大している。これが、大阪ヤクザのおおまかな勢力図である。

表立って活動できなくなった半グレ

裏社会の住人は、暴力団だけではない。世間を賑わせ続けてすっかりお馴染みとなった半グレも、大阪に勢力を築いていた。

半グレのシノギは、ガールズバーの経営、キャッチ、特殊詐欺、違法薬物の売買などだと言われる。少し前までは、持続化給付金詐欺なども行っていた。

結論から書けば、大阪において半グレはほぼ壊滅している。ただし、半グレがいなくなったわけではない。完全に地下に潜ってしまい、実態の把握が難しくなっているのだ。要は、マフィア化である。それでも、これまで話題になった半グレ勢力を整理すると、次のようになる。

大阪で有名だったのは、アウトセブン（O7）というグループだ。もともとは地下格闘技団体を母体とし、ゼロセブンとも言われていた。一時は大阪の半グレの代表格だったが、リーダーの拳月《けんむん》こと相良正幸が逮捕されたことで、組織は崩壊した。

アウトセブンと敵対していたアビスも、リーダーである菅野深海《しんかい》が逮捕されたために、一時期よりも勢いはない。現在は組織が分散し、いくつもの枝に分かれていると言われている。

　なお、この二つの組織を、六代目山口組や絆會が面倒を見ていたという説もある。その真偽は不明だが、少なくとも暴力団と半グレがつながりを持つこと自体は珍しくない。アウトセブン、アビスの構成員が暴力団に入るケースは、筆者も少なからず聞いたことがある。

　そのほかの半グレとして、ミナミや梅田を地盤とした赤松グループや夜王《やおう》グループ（ヤオウ）、モロッコ、生野区を地盤とするカンソングループなどがあるが、現在活動している組織は少ないと思われる。

　というのも、警察庁が取り締まりを強化したことで、反グレはすでに表立って活動できなくなっている。目立てば準暴力団として認定され、すぐに摘発される体制が整えられているわけだ。

半グレ〝アビス〟の元幹部の証言

　警察が取り締まりを強化したということは、それだけ半グレが目立っていたということでもある。アビスの元幹部メンバーだった高野氏（仮名）が、当時を振り返る。

「自分はガールズバーの責任者を任されたことがあったんですけど、めちゃくちゃなことばかりやっていましたね。客を強い酒でベロベロに酔わせて自由を奪って、財布からクレジットカードを取って勝手に会計するとか。そういう客をゴミ箱に放るなんてことも毎日やっていました」

高野氏が加入した頃のアビスは、ミナミで多くのガールズバーを経営していた。キャッチに連れられて向かったガールズバーで、法外な金額を請求された。そんなぼったくりが社会問題になった時期である。

「責任者の取り分は売り上げの10％でした。毎日100万円以上の売り上げがあったので、当時は羽振りがよかった。金にモノを言わせてなんでもできた時期だったし、頭ずれていた時代やったと思います。それに、取り分は表向きは売り上げの10％やったけど、実際はこっちの裁量でなんとかなる部分が

ガールズバーをシノギにする半グレは少なくない（yanalya/Freepik.com）

あったから、もっと取っていたと思いますよ」

その後、高野氏はある事件で逮捕された。これをきっかけに、アビスから離れることになる。暴力団よりも、組織を抜けるためのハードルはグッと低い。

「辞めるのは簡単でしたね。それが半グレの特徴言うたら特徴なんやけど、別に圧力かけられたり文句を言われることもなく、スムーズに辞められました」

半グレは事件や犯罪ごとに離合集散を繰り返す。誰が辞めようが新しく入ろうが、問題はないのだ。それが幹部であっても、である。

現在、高野氏は梅田の繁華街から少し離れた場所で、飲食店を経営している。違法な店ではなく、まっとうな商売をしているという。アビス時代に会ったときにはかなりオラオラ感を出していたが、いまは一般人と区別がつかない見た目になっていた。

地下社会のもう一つの絶対権力「環状族」

また、大阪の裏社会を語る上で、環状族のNO GOOD RACING（以下ノーグッド）の存在も欠かせない。

環状族とは、簡単に言えば１９８０年代半ばから90年代に阪神高速を駆け回った暴走族のことだ。大阪を騒がせたチームの多くは解散したが、ノーグッドは当時のスタイルのまま、現在も活動を続けている。ただ、活動といっても、普通の暴走族の活動とはかなり違う。

ノーグッドは反社でも半グレでもない。そうした組織と一定の距離を保ちつつ、勢力を維持している。そのうえで、車に関する仕事やイベント企画、ボランティア活動などもする、会社組織となっているのだ。販売するグッズ（たとえばステッカー）のなかにはプレミアがつき、偽造されてフリマアプリで売られることもある。

ノーグッドの事情に通じる人間は、こう語る。

「環状族として誕生したノーグッドは、いまでも鈴鹿サーキットなどで走りのイベントを開催していますが、走り屋だけでなく、被災地で炊き出しをするなど、社会活動にも積極的です。そうした姿勢が、若者にウケているみたいですね」

またこの人物いわく、ノーグッドは裏社会のあらゆる組織から、一目置かれているらしい。むろん、昔から暴走族が裏社会の住人になるケースは多いから、不思議なことではない。ノーグッドから暴力団員や半グレになる人間も多いようだ。だが、理由はそれだけではないらしい。

「ノーグッドは筋を通すと、裏社会で評判ですよ。山口組が分裂したときも、半グレの抗争が起きたときも、ノーグッドはどこかに味方することなく、均等に付き合っていました。それがいま、ノーグッドが敵もつくらずに、いろいろな組織と友好関係を結び認められている理由だと思います」

警察による締め付けが厳しい昨今、暴力団や半グレのような存在は、昔のようにうまい汁を吸えなくなっている。アウトローの近くにいながら表社会で活動できるノーグッドのような組織は、いまの世の中では生きていきやすいのかもしれない。

一般人が大阪でアウトローに会う機会は、近年はめっきり減った。少し前は、街頭に立つキャッチが半グレだったりしたものだが、暴力団排除条例が相次いで改正され、暴力団のみならず、半グレも居場所がなくなった。ルールを守って遊んでいれば、怖い目に遭うことはないだろう。

世間を騒がせた大阪の賭博事件
～西成で活況を呈した賭場やノミ屋の数々～

西成の往時のギャンブル

２０２３年４月、大阪府によるカジノを含む統合型リゾート（ＩＲ）の計画が、日本国内で初めて認定された。これを受け、大阪府は事業者を続々と呼び込んで開業の準備を進めている。ほかにも候補地として名乗りを上げた自治体はあるが、２０２４年10月時点でＩＲ計画が進んでいるのは、大阪だけだ。

大阪の裏社会を長年取材してきた身からすると、この事態はなかなか興味深い。というのも、大阪は違法な賭博が非常に盛んだからである。

非合法の博打場といえば、手本引《てほんび》きなどが主流である。ルールは割愛するが（知りたい方は、ネットなどでお調べいただきたい）、その特徴は、勝負の速さにある。暴力団の親分たちが集まれば、一晩で数億円の金が動く総長賭博（組長など大物が集まる賭博）が行われることもあった。

多くの暴力団が事務所を構えた大阪でも、博打は日常的に行われていた。特に西成は、三角公園で賭け将棋やさいころ賭博などが行われるのが普通の風景だった。

これぞ賭博という現場を、はからずも目撃したことがある。2000年頃に西成を取材に訪れたとき、ドヤ（簡易宿泊施設のこと。「宿」を逆から読んでいる）の大浴場にふたをして、その上で労働者が手本引きなどをしていた。

10人入れば満席という浴場に、見物客などを含め、20～30人の客が訪れていた。胴元は高齢であったが声に張りがあり、元博徒というのが見た目で感じとることができた。賭けの場は、非常に活気があった。

金額は100円単位と細かかったが、その金額でも日当1万円弱で働く人間には死活問題だったのであろう。金になりそうなものを担保にしてその場で借金をする人間も、多かった。担保になっていたのは、生活保護受給証明書や、生活保護資金を受け取る口座のキャッシュカードなどである。

あれから20年以上の月日が流れた。西成の労働者相手に博打をしていた博徒やヤクザは、行政の取り締まりによって、ほぼ壊滅状態にある。博打場やノミ屋が数軒立ち並んでノミ屋通りと言われていた通りも、いまは寂しい裏路地となっている。浴場で賭博を行っていたドヤもすでに名前が変わり、福祉マンションへと変貌を遂げて、当然ながらギャンブルとは無縁の場所になっている。

西成の三角公園。この付近に巨大ノミ屋ドームがあった

日本一大きいノミ屋の実態

西成には、日本一大きいと言われたノミ屋があった。弘道会傘下組織が運営していた、通称ドームだ。２０１０年10月に大阪府警が鉄製扉を爆破して摘発したため、現在は存在しないが、筆者はかつて潜入取材で訪れたことがある。

ドームがあったのは、あいりん地区に位置する三角公園の目の前だ。マンション3棟の1階部分をつなぎ合わせた構造である。

ドームに入るには、紹介者が必要だ。筆者も紹介者と一緒になかに入ったのだが、紹介者の顔をモニターで確認する作業が2、3回あったと記憶している。

なかを進んでいくと、室内には多くのモニターテレビがあった。競馬、競艇、競輪など、ありとあらゆるギャンブルに労働者が金を賭けていた。

競技が行われている時間内なら、何時間滞在してもいいことになっていた。飲食は無料で、軽食まであった。

賭けの手順は以下のとおりだ。まず、選挙用紙を書くときに使われるようなテーブルに行く。ここで予想を紙に書いたら、奥に座る女性に紙片を渡す。予想が当たった場合は配当金をもらうことができる。

筆者が話を聞いたときは、上限は100倍までと言われた。150倍の当たりが出ても支払いが保証されるのは100倍まで、ということだ。反対に、100円を賭けても負けた場合、10円が戻るというシステムもあった。他のノミ屋の設定もほぼ同じであることが多いが、ドームの場合は金の回りが半端ではない。後日、警察が捜査したところによると、一日に５００万円以上の金銭が動いていたという。

なお、ノミ屋が活況を呈していた時期には、荒っぽい話もよく聞いた。ドームのような規模の大きいノミ屋なら、自分の金で資金を回せる。だが、小さいノミ屋の場合、大穴は当たらないだろうと踏んで賭け金を自分たちで使い込む、つまり飲んでしまう行為が多かった（こうして他人の金を飲んでしまう行為が、ノミ屋の名前の語源である）。

大穴だから滅多に当たりはしないのだろうが、当たった場合は大変である。１万円を賭けていた場合、１００万円を支払わなければいけない。それができずに半身不随の大怪我を負わされたり、さらわれたりしたという者の噂は、何度も耳にした。

現在の西成のノミ屋事情

いまでも西成界隈には、仲間内で集まってノミ行為をやっている人々はいる。場所は、路地裏に隠れた小さい中華料理屋や喫茶店などだ。だが、厳しい取り締まりの影響で、さすがに大きなノミ屋は少なくなっている。

では、ヤクザの賭場はどうだろうか。西成はかつてヤクザ銀座と言われ、２次組織などを含めると、約70カ所以上の組事務所があった。現在も西成に本部がある指定暴力団の酒梅《さかうめ》組や東《あずま》組など、賭場を構える組も多かった。

だが、そうした賭場は、いまではすっかり閉まっている。賭場が流行っていないというのが大きな原因だと考えられるが、警察の規制強化も一因だろう。賭場は目の敵にされ、任侠映画に出るようなスタイルの賭場は、壊滅状態にある。

また、特定抗争指定暴力団に指定されている六代目山口組や絆會などは、各都道府県警が定めた警戒区域内の事務所に組員が立ち入ることや、5人以上で集まることが禁止されている。暴力団が賭場を運営することは、現実的ではなくなっているわけだ。

なお､筆者は数年前､関西のある組の賭場（すでに閉まって使われていなかった）を見学した。賭場は、事務所の2階にあった。案内してくれた人の説明によると、警察の手入れがあった際には1階で別の組員が体を張って時間を稼ぎ、2階から出て一般家屋の屋根を伝って逃げる仕組みなのだという。警察だけでなく、同業の鉄砲玉も警戒した措置なのだろう。いずれにせよ、周囲に暮らすカタギにある程度は好かれていないと、こんな用心はできなさそうだ。

さて、西成は行政による「浄化」で、表面的にはかなりきれいになった。だが、本当の意味で街の浄化に繋がっているかは、時間が経たないとわからない。単に潜伏して犯罪が巧妙化しているだけかもしれないからだ。

外から見える表側だけをきれいにしても、裏側が汚れているケースは多々ある。さすがに普通に暮らしていれば裏側を見ることはできないだろうが、昔ながらの事務所が残っている地域にはピリッとした雰囲気が漂っているので、気になる方は行ってみるといいかもしれない。

インターネットカジノにハマる人々【用心棒勝男特別寄稿】

～ミナミの地下で行われる違法なカジノ～

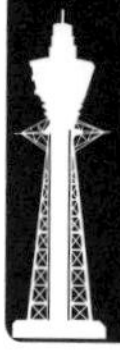

関西で風俗店の用心棒をしている勝男と申します。仕事柄、大阪の裏社会に関する情報はたびたび耳に入ってきます。なかでも最近はインターネットカジノ、通称インカジについて面白い話をよく聞きます。そのお話をさせていただければと思います。

インカジの店舗への入り方

ミナミには10店舗ほど、インカジの店が存在します。

10年ほど前だったら、路上のキャッチにインカジに行きたいと伝えれば、店が入っているビルまで連れて行ってもらえました。そこで登録を済ませれば遊ぶことができましたが、

インターネットカジノ（オンラインカジノ）を日本国内で行うことは違法

いまは取り締まりが厳しくなっているので、原則紹介制です。お店に何度も通っている常連の連れなんかではない限り、入店できなくなってきています。

それに、身分証の提示は必須です。顔写真付き身分証と保険証の2点が、店舗から必ず求められます。理由は簡単で、摘発をされたくないからです。警察の内偵捜査員を間違って入店させないための工夫というわけです。

店舗の警備体制も厳重で、基本的には二重扉となっており、簡単には入れません。といっても、一度会員になってしまえば入店のハードルはグッと下がります。登録した携帯電話から店の前で電話をすると、カメラで身元を確認されます。その後に電子キーが開きます。一つ目の扉が閉まったことが確認されると二つ目の扉が開いて、入店となります。

インカジの遊び方

インカジの店は、24時間営業がほとんどです。店の規模によって席数はかなり異なりますが、基本的には10〜15席ほどはあります。空いている席には自由に座れます。

座った後は店員がおしぼりを持ってきて、飲みたいドリンク（無料）と遊びたいゲーム、入金額を聞いてきます。ゲームのメーカーは2種類あります。マイクロゲーミングとプレイテックです。前者は天龍、後者はシルバーとアジアンというソフトで有名です。

このいずれかを選んで店員にお金を渡し、遊ぶことになります。違いは特にありませんが、オンラインバカラで遊びたい人は天龍、ビデオスロットで遊びたい人はシルバーまたはアジアンを選ぶのが多いというイメージです。

なぜ人はインカジにハマるのか

とはいえ、客はなぜ、わざわざ店舗に足を運んでインカジをやるのでしょうか。普通に登録すれば、インターネットカジノは家でもできるだろう、と思っている人もいると思います。自分もその1人でした。

その疑問を、インカジにどっぷりハマって金融ブラックにまでなった5人に、何気なく聞いてみました。すると、まず全員共通して言ったのが、「登録するのが面倒」という言葉でした。

海外送金もはさむため、非常に面倒に感じるというのはわかります。まあ実際にはそれでも簡単に登録できるのですが、面倒というイメージが先行しているのだと思います。

より重要なのは、勝ったらすぐに現金で金がもらえることです。

一般的なインターネットカジノでは、日本円に換金するまで2~3日かかります。一方で店舗では、基本的には即日もらえます。賭博の場合は裏社会の人間が参加することが多かったのですが、すぐにお金になるインカジは、カタギ相手の需要が増えました。

それに、フード、ドリンクは無料ですし、アンダーグラウンドのお店は、基本的に接客がしっかりしています。優越感にも浸れるので、勝ったときの刺激が家でやるよりも何倍も強い。だからどっぷりハマってしまうのです。

言うまでもなく、店の背後には反社会的勢力がいます。ヤクザが控えていたんじゃ勝っても現金を渡してくれないんじゃないかと、不安になるかもしれません。ですが、反社会的勢力からすれば大事なシノギの一つなので、通報されて摘発されないよう、勝った金は渡します。上限1000万円までOUT（換金）可能と定めている場合、その金額までなら基本的には即日渡してくれます。

インカジの注意点

インカジはギャンブル中毒者の最終地点です。闇スロはどれだけ高くても100円スロットですが、インカジは自分で、一回転20円〜1万5000円の間で金額を設定できます。高額回しなら5分で100万円が溶けるのも一瞬ですが、勝つときも一瞬です。

当然ですが、そんな無鉄砲なギャンブルをしていると、金はすぐになくなります。店側からしたら、客に1000万OUTされたとしても、周りに座っている人たちが「本当に出るんだ！　頑張ろう」と思ってくれればしめたものです。どんどん金を突っ込み、負けたとしてもすぐ店に来てくれる。誰かが当たったとしても、その金は簡単に回収できるのです。

胴元の店が負けることはまずないので、店側は週末など集客がいいときは一日で５００万円利益が出るなんてことはザラにあります。ギャンブルは基本的にユーザーが勝ち続けるのは難しいのです。

どんどん欲に負けると入金も重なり、取り返しのつかないところまでいきます。そうして彼らの待ち受ける先は、破滅です。

イカサマはあるのか

気になるのは、インカジ店がイカサマをやっているかどうか、でしょう。はっきり申し上げると、設定を含めほぼやっていると言ってもいいと思います。非合法の店なので、パチンコ屋みたいな協会があるわけでもなく、当然国からの指導もないので、やりたい放題というのが現実です。

とはいえ、客は負けてばかりいると財布のひもを締めてしまうので、店側は客の勝ち具合を見て遠隔操作をしています。たまには勝たせて、射幸心を煽ります。

それに何より、負けた客が逆上して通報するのを、店は恐れています。派手にやり過ぎたり目立ち過ぎれば店は摘発されますが、摘発される一番の理由は、負けた客の通報ですから。

言うまでもありませんが、インカジの店で遊ぶことは違法です。捕まった場合は、次の逮捕要件に当てはまり、店だけでなく客も逮捕されます。

・賭博をした者：50万円以下の罰金または科料（刑法185条　単純賭博罪）
・常習として賭博をした者：3年以下の懲役（刑法186条1項　常習賭博罪）
・賭博場を開張、または博徒を結合して利益を図った者：3月以上5年以下の懲役（刑法186条2項　賭博場開帳等図利罪）

賭け続けていれば、経済的な破綻か法律上のペナルティを受けることは避けられません。身を滅ぼすことになるので、興味本位で手を出すのは控えるようにしましょう。

治安が悪化する住宅街〝福島〟

～ミナミよりしつこいキャッチたち～

静かでオシャレな住宅街に悪質なキャッチ

関西以外の人には馴染みがないかもしれないが、大阪市の福島区は、老若男女問わず人気が高い住宅地だ。人口は8万人程度で、エリアとしてはさほど広くないが、大阪市内をグルっと回る大阪環状線の大阪駅から1駅という好立地で、交通の便がいい。20年以上前から「若者が訪れたくなるような街づくりを」と行政と民間が共同で開発を行い、マンションやアパート、戸建てエリアを整備したことも影響している。

しかし、人口増加に伴い治安は悪化。ある意味でミナミを抜くほど治安がひどいという声も聞く。駅の周辺に、キャッチ（客引き）が異様に多いのだ。

キャッチぐらいで治安が悪くなるなんて大げさな、と思うかもしれないが、その考えは誤りである。理由はすぐにわかる。

福島駅近くの踏切脇で、キャッチの様子を観察することにした。

駅を降りて右に曲がると、キャッチのテリトリーに入る。周りは小さな飲食店がギュッと詰まっており、下町風情が残っている。

この日は平日だったので、20時頃になると仕事終わりと思しき人々が、徐々に増えてきた。それに合わせてキャッチの数も、目に見えて増えていく。パッと見ただけで、狭い区域に10人以上はいる。

キャッチは、誰にでも声をかけている。ミナミのような繁華街では、キャッチは声をかけるだけで終わるが、福島のキャッチは違う。しつこくつきまとっており、反応した人間を10メートル以上は追いかけていた。逃げる相手をJRの構内にまで入って勧誘し続ける者までいる。はっきり言って、悪質である。

キャッチを直撃

なかなか不思議な光景だったので、キャッチの1人に話を聞いてみることにした。店を探していると思ったのか、特に警戒している様子はない。

だいぶキャッチが多いように見えたが、普段はもっといるそうだ。週末には20人を超えることも珍しくないという。

福島駅の様子

案内するのはガールズバーにキャバクラ、居酒屋。「絶対に後悔させないのでお任せください」と言うと、売り文句が矢継ぎ早に続いた。

いろいろな店があるのはわかったが、店ではなく、キャッチ自体のことを知りたい。そう話すと、翌日の昼間に別の場所で、身元を明かさないという条件のもと、彼から福島のキャッチ事情について、話を聞けることとなった。

高橋さん（仮名）の年齢は22歳。約束の時間よりも前から、集合場所で待っていた。昨日は最近の若者らしい、カジュアルでダボっとした服装だったが、この日はシンプルで身ぎれいな格好をしていた。

キャッチを始めて3年目で、はじめに立っていたのは、阪急東通りだ。阪急梅田駅に程近い、人で常にごった返すエリアである。かつてはキャッチやぼったくりで悪名を轟かせたエリアだが、警察が目を光らせた結果、いまではその姿を見かけない（だが皮肉にも、表に出ないでこっそりプチぼったくりをする店は増えている）。

「警察や商店街なんかの締め付けが厳しくて、続けられなくなったんです。次は十三《じゅうそう》にも行ったんやけど、客単価低くてここもだめになった。そんで最終的に着いたのが福島駅前。警察がうるさくなくて、客は多少の遊ぶ金を持っていますから」

キャッチは主に、2種類に分けられる。お店専属の人間と、フリーでいくつかの店舗と契約を交わす人間だ。高橋さんは後者のフリーのキャッチで、ミナミよりも収入は下がるが、楽な仕事だと話す。

そもそもミナミでキャッチを始めたのは、グループの先輩から紹介されたからだという。そのグループは、半グレ集団とつかず離れずの関係を持っていた。

「昔は、ミナミで暴れていた連中やアビスと関係がありました。どっちかというとアビスやね。だけど自分らの代になった頃には半グレは警察に目の敵にされてましたから、距離は開きました。足かせになるからいらん、というのが正直なところです」

猖獗《しょうけつ》を極めた半グレも、警察に狙われたいまでは邪魔物扱いだ。裏社会の変化の早さを改めて実感した。

反社との関係

客引きのときはしつこく店を紹介しようとした高橋さんだが、取材の間はこちらの質問をよく聞いて、率直に話してくれた。その違いが印象深いと思っていたところ、高橋さんの携帯電話に着信が入った。急用ができたので、後ほど福島駅近くの喫茶店で合流して、改めて話しましょう、とのこと。そこで場を移して、再度話を聞いた。

警察や反社との間で問題はないかと、直球の質問をぶつけてみる。

「反社との間に問題はまったくないです。警察は問題を起こさなければ多少のことは目をつぶってくれます。見ていたからわかったと思うんやけど、僕らのキャッチはホンマしつこい。おんなじことミナミでやったら、すぐに府条例で摘発される思います。だから目をつけられる前に、稼げるだけ稼いどこうと思ってます」

稼ぎはけっこういいらしい。

「フリーやから、やればやるだけ稼げますよ。だからミナミと違って若いキャッチや女の子のキャッチも多いです。ミナミでも女の子のキャッチは見かけることがありますが、たぶん店の子でしょう。上からやれって言われてしぶしぶやっていたりするから、そんなに儲かってないと思います」

高橋さんの報酬は、店の売り上げの10~20%程度。キャッチした人間が店で使った金額に応じて報酬が決まる。ガールズバーでもキャバクラ、居酒屋でも同じだという。一日の報酬の目標は5万円だというが、この目標金額を、ほぼ毎日超えているという。そんなに払って店は儲かるのかと思う方もいるかもしれない。だが、店は客から割増しで金を取るから、キャッチへの報酬などたいした額ではないはずだ。

福島以外の同じようなエリアにも、彼らのグループはいるという。

「いくつかの枝に分かれて散ってますよ。でも、梅田やミナミには僕らの仲間は立っていません。取り締まりが厳しいですし、捕まったら僕らが罰金負担せなあかんですし。フリーでミナミ立ったらたぶん稼げるけど、取り締まりはホンマにきついです」

そう語って、高橋さんはキャッチの場へと向かっていった。

福島には、オシャレで美味しい店がたくさんある。梅田やミナミの喧騒を避けたい方にはぴったりのエリアではあるが、店を決めずに駅前をウロウロしていると、キャッチの猛攻を食らうことになる。事前に行く店を選んでおくことを強くオススメする。

偽ブランド品のメッカ〝鶴橋〟の現在
～摘発が相次ぎながらもパチモンを売り続ける～

人気のコリアンタウンの裏事情

鶴橋は、大阪屈指のコリアンタウンとして知られている。普通のガイドブックであれば、鶴橋駅西側にある焼肉屋や、少し離れた生野コリアンタウンに注目すると思うが、大阪の裏がテーマの本書では、鶴橋商店街（鶴橋コリアンタウン）に注目したい。この場所は偽ブランド品を売って何度も摘発されてきた、パチモン街でもあるのだ。

そもそも鶴橋は、戦前に生鮮食品をはじめとした物流の一大拠点として栄えた街だ。第2次世界大戦中に大きな被害を受けなかったこともあり、戦後は闇市として活況を呈する。「鶴橋に行けばなんでも揃う」と言われていたようで、商店街は活気があったようだ。

ただ、活気がよすぎるのか気性の荒い人間も少なからずおり、傷害事件などの犯罪も、たびたび発生してきた。一時期よりも治安はよくなっているものの、偽ブランド品の販売に関しては、いまでも世を騒がせている。

鶴橋商店街

偽ブランド品を購入することは違法でないものの、販売者側は商標法違反として罪に問われる。実際、２０２４年の４月にも、鶴橋では72歳の女が商標法違反の疑いで現行犯逮捕されている。スポーツブランドのロゴを無断で貼り付けた犬用の服を売っていたという。

実は、この人物は偽ブランド品を売る人間として大阪ではかなり有名で、常連客も多くついていた。当人は「偽物とは知りませんでした」と弁明したようだが、この界隈の店が偽ブランド品ばかり売っているのは常識だ。それでも容疑を否認しているということは、反省していないのであろう。

それではいまも、懲りずにパチモンを売る店はあるのだろうか。

偽ブランド品のお値段と質

鶴橋商店街は、近鉄線西口から蜘蛛の巣のように広がっている。迷子になりかけながらも散策をしたところ、多くの洋品店の軒先を覗くことができた。

たとえばとある店の軒先には、明らかな偽ブランド品が、堂々と飾られていた。ブランド品の王道であるルイ・ヴィトンをはじめ、グッチやイヴ・サンローラン、モンクレール、ディオール、セリーヌなど、書き上げるとキリがないほど多くのブランドが餌食になっている。

店先には若い店員が椅子に座っており、写真を撮られないように警戒しているのか、声こそかけないものの、通行人に目を光らせていた。

若い店員に声をかけて店に入り、売られている偽ブランド品を手に取ってみた。縫製が乱雑なのは言わずもがな、ブランドのロゴがズレているなど、つくりは雑で質の悪さは一目でわかった。

自慢にはならないが、筆者は過去にも、取材で小物からバッグ、洋服などの偽ブランド品を見ており、韓国に渡って偽ブランド品を製造している工場に潜入したこともある。その経験から言わせてもらうと、鶴橋のこの店で見た偽ブランド品はB級品と呼ばれるものだ。持っていてもすぐに壊れて捨てる羽目になる。

パチモンを売る店

一応、買う素振りを見せて値段を聞いてみたところ、正規品の1割程度の金額だった。それでもこのランクにしては、まだ高い。質が価格に見合っていない。

購入を躊躇っていると判断したのだろう、店員はさらに値引きした額を提示してきた。それでも、冗談で買うにしてもまだ高い。すると店員は、「もっといいモノあるよ」と話しかけて隠し扉を開け、奥の倉庫に案内した。そのなかには、スーパーコピーが並ぶ部屋があった。

財布やバッグをはじめ、あらゆる品物がキチンと整理されて並んでいる。ルイ・ヴィトンの偽バッグを手に取って見ると、本物と大差のない出来栄えだと感じた。買う気はないが値段を聞いたところ、8万円だという。スーパーコピーとしては妥当か少し高い値段だ（ちなみに正規品は30万円以上する）。

筆者の知り合いにも、スーパーコピーの持ち主はいる。出来栄えがよく、満足していると言っていた。「正規店に修理を依頼しない限りバレることはない」と、いまも愛用している。

若者がパチモン商売に参入

迷路のような鶴橋商店街を散策した後、長年喫茶店を営む店主から、この地域の事情を聞くことができた。

「この商店街は200軒ほどの店でつくられてる。在日コリアンが多く住んでいるからやろうね、周辺には焼肉屋や韓国総菜の店、洋服屋も多い。だけど洋服屋言うてもな、売ってるのは偽ブランド品だらけや。年寄りが売ってることもあるけど、最近偽ブランド品を売ってるのは永住権を持ってる四世の子たちが主やね」

古くから洋服屋をやっていた二世や三世の時代にも、偽ブランド品は売られていたようだ。だが、何度も何度も摘発されて販売規模は縮小。店先で売ることをやめる人も出てきた。

「けど、いまは観光客だったり買い物客が増えて、人通りが多いやろ。だから儲かると思ってまた売り始めたんや。7、8年前に一斉に摘発されたから、しばらくは店の奥や倉庫に隠してお客さんの要望で出してきてたんやけど、最近はけっこう表から見える場所に飾るようになったね。それをやっているのが20、30代の四世たちやわ。年寄りは昔ながらの方法で隠して売っとるとちゃうんかな」

ネットが発達している現在の世の中でも、街角で堂々と偽ブランドを売る店が、まだまだたくさんあるようだ。今回潜入した店舗やこれまで摘発された店は、氷山の一角なのだろう。

焼肉を食べに鶴橋へ行くという方は、商店街で偽ブランド品をつかませられないよう、注意してもらいたい。

第2章 大阪 夜の歩き方

大阪の風俗 五大新地の歩き方【B・カシワギ特別寄稿】

～飛田・今里・松島・滝井・信太山の傾向と対策～

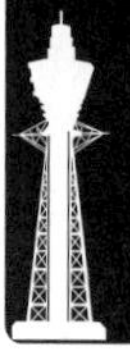

本章冒頭でご紹介するのは、大阪の代表的な夜遊びスポット、五大新地の歩き方だ。書き手は、大阪で生まれ育った実業家、B・カシワギさんだ。各新地を訪ねていただき、率直な感想を寄稿していただいた。大阪ならではの夜の楽しみ方が、イチからわかるはずだ。

B・カシワギが童貞とともに五大新地をめぐる

大阪の風俗といえば、真っ先に挙がるのが飛田《とびた》新地である。位置するのは、大阪ミナミと天王寺の間、西成区の一角。〝実物指名〟と呼ばれる顔見せシステムの風俗として知られている。昔ながらの遊郭を思わせる風情ある風景は、大変に日本的で、現在は外国人に

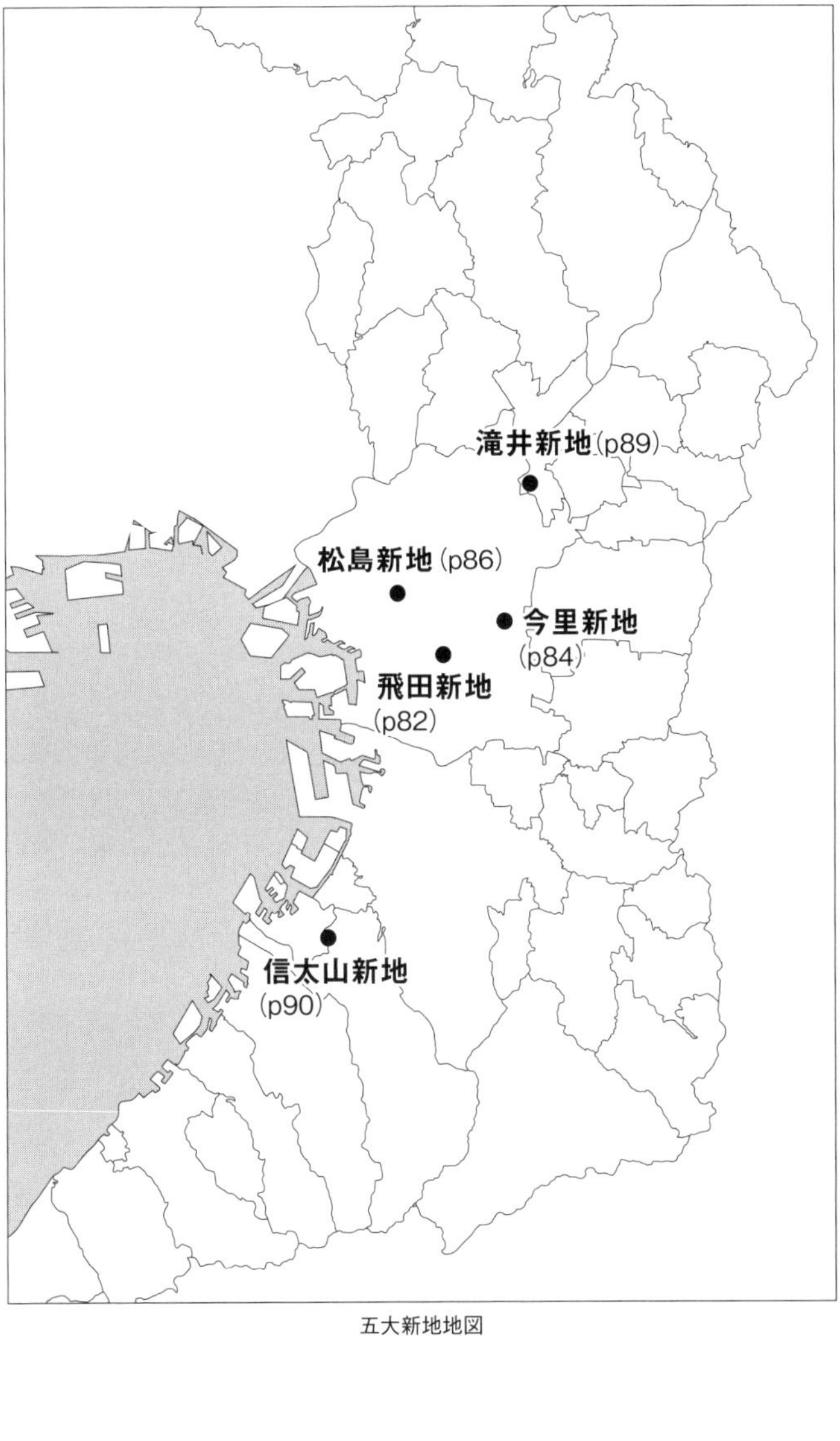

五大新地地図

も人気である。コロナ時期には各店舗が組合の指示に従って厳しい自粛にいち早く従うなど、柔軟に対応してきた。

しかし大阪にはほかにも新地がある。飛田、今里《いまざと》、松島、滝井、信太山《しのだやま》の〃大阪五大新地〃だ。成人式や祭りの打ち上げの際には、先輩や仲間とともに各エリアに行って童貞を捨てるという、リアル成人式的なノリが大阪には存在する。裏の通過儀礼を果たす場としても機能しているわけだ。

一方で、各新地で働いているのは地元の女の子というわけではない。地元では顔が知られている可能性があるから、少し離れて身を隠すようにして働いているようだ。新地遊びにおいて地産地消ということは、むしろ少ないのかもしれない。

各地の新地はそれぞれ特色を持ちながら、令和の現在でも元気に営業している。今回は新鮮な目線で新地の価値の再確認をするべく、20歳でいまだ経験もなく生で女性の裸を見たこともないという、童貞の知人Nくんを五大新地に連れて行くことにした。花田氏に代わってB・カシワギが案内人となり、新地の現状を皆さんにお伝えしたい。

初の新地は誰を選べばいいか迷いがち

夜に軽い食事をとった後、童貞Nくんと合流して車に乗り移動。五大新地めぐりのスタートである。彼には「気に入ったらいつでも上がればいい」と伝えて、お小遣いの2万円を渡した。とはいえ、童貞の彼が1人の女の子に絞るのは至難の業である。というのも、どの新地も基本的に女の子のレベルが高く、簡単に1人に絞り込めないからだ。

前述のとおり、飛田は女の子が外に座る実物指名が可能なのが大きな特色なのだが、松島、滝井も同様の実物指名システムである。松島に至っては2〜4名程度の複数の女の子が店中に待機しているので、迷って当然だ。顔見せのない信太山は割安だが、女の子の質は高いと言われている。

そんな宝の山とも言える状況のなか、全体を見渡すことなくして1人の相手を決めるという決断はなかなかに難しい。しかも、160以上も店舗がある飛田をウロウロとぶらつきながら、「あの子もあの子も可愛いなー」と比較しながら、「最初のあの子にしようかな?」なんて思い戻ってみたら、すでに先客が入りその子がいなくなってしまうこともある。2周、3周と回りながら相手を絞り切れず、結局そのまま帰るなんてことは、新地遊びの若者のなかではよくある話だ。

そうして何度も回っているうちに、やり手ババアと呼ばれる呼び込みのおばさんが声を荒らげる。「もういい加減決めてよ！」「この子が一番やって！」「もう終わるよ」などとプレッシャーをかけられると、己の優柔不断さを責められているような気になって、いよいよ選べなくなるのである。

一方で女の子からすると、「あいつは戻ってくるな」などと思うこともあるらしく、自分がどういう雰囲気の相手から気に入られるかを、自覚していることも多いようだ。また、ほかと比較することなく1周目で「君がいい！」と決めて上がる客のことは、キップもいいし自分のことを好いてくれているんだなと、うれしく思うとの意見もある。

「このなかで一番かなー？」という選び方ではなく、「ひと目見たときから君がいい！」と決めるのが新地では粋な遊び方なのだ。

だが、そうは言っても宝の山にいて初見でいきなり選ぶことは難しい。しかも今日は童貞が女の子を選ぶのだ。

【飛田新地】料金：20分1万6000円／15分1万1000円　※顔見せあり

まずは大阪西成にある飛田新地に移動。五大新地のなかでも最大の規模を誇り、最も嬢のレベルが高いことで有名なエリアだ。

１６０店ほどが軒を連ねる大所帯で、表向き料亭として営業している各店舗には、ライトアップされた入り口に１人ずつ女の子が座っている。料金は「15分１万１０００円」と表記されているが、最近は「20分１万６０００円」のコースを推されることが多い。時間的にはそれがお互いの納得ラインだろう。15分だと「金を使わない客で時間もない」と思われて、それなりの接客をされてしまうので、しっかり遊びたいなら20分が無難だろう。

飛田新地の看板（撮影許可済）

　ライトアップされた女の子はさまざまなコスチュームで身を包んでおり、谷間を強調しつつ胸を揺らしながら手を振ってくれたりする。車でも通ることはできるが、最近は盗撮被害も多いことから車で行っても顔を隠される。何より風情を感じられないので、歩いて回るのがいいだろう。

若くて可愛い女の子が多い〝青春通り〟、妙齢女性が多い〝年金通り〟、見た目が少しピーキーな〝妖怪通り〟などと通りごとに女の子のレベルが分類されているが、多少の特徴はありつつもいまはどこの通りも可愛い子が多く、人によっては人目も多く人気のある青春通りは避けたりする。

飛び出すエロ本のような、AVや雑誌でしか見たことのないエッチな衣装を着た美女がひしめく街を歩いたNくん。「いい子はいたか？」と聞くと「みんな可愛すぎてわかりません」とのこと。確かに彼からしたら、始まったばかりのゲームでいきなりボスラッシュである。戦う術はないかもしれない。結局1周回り、2周目を回り始めたところで「言い方は悪いのですが、みんないいので誰でもよくなってきました」とのことなので、次の場所へ移動することとなった。

【今里新地】料金：20分1万2000円　22時頃まで　※顔見せなし

次に訪れたのは今里新地。生野区の韓国料理屋やスナックがあるエリアに、ひっそりとある。店舗は10店もなく、顔見せもないので、お店のシステムなどを知らない人からすると〝そういう店〟だとは気づいていない可能性もある。

しかしよく見ると置屋の特徴的な建物なので、それだとわかる店の付近で車を止めて歩いてみる。人は少ないが、活気を感じる歓楽街だ。細い路地に近づこうとしたら、椅子に座るおばあちゃんが2人いた。こんな時間にこんなところに座る理由は一つしかない。そういうことだろうと声をかけてみた。

今里新地

「この辺って遊べるんですか？」と聞くと「最低20分1万2000円で遊べるよ」とのこと。タイプ合わせはあるが、写真などはないそうだ。好みのタイプを伝えれば女の子をつけてくれるとのこと。ただこの日は少し時間が遅く、「今日は22時には女の子が少なくなる」と説明された。しかしまだまだ元気に営業をしていることは確認できた。Nくんは次の新地も見たいような様

松島新地

子だったので、この日は遊ばず状況確認だけで今里を後にした。

【松島新地】料金：20分１万２０００円／30分１万８０００円　※顔見せあり

翌日、阪神なんば線の九条駅そばにある松島新地を訪れた。ライトアップされた店の入り口には、女の子が２人から３人座っている。店舗は80店以上あるらしいが、開いている店は感覚的には50店ほど。

値段は20分で１万２０００円との張り紙。女の子が複数いるので、ほかの女の子が見ている横で別の子を指名するのは少しだけ気まずい。選ばれた子は些細な自己肯定感を抱いているはずだと信じて、気まずさをかき消すしかない。

松島新地は飛田に比べて小さめだが、飲食店などが並ぶ街のすぐ横にあって住宅地もあり、地域に馴染んでいるのがわかる。ただ、地元の人に話を聞くと「松島で遊んだら夜には街の噂になり、『今日行ったやろ？』などとからかわれるので、地元の人はあまり遊ばない」そうだ。

店同士は比較的離れた場所に位置しており、建物に少し特徴のある店が多い。人がたくさんいるという印象はあまりないが、遊びに来ている人たちはちらほらおり、みんなスッと上がっていく。

女の子のレベルは高く、街で見かけるきれいなお姉さんが並んでいる感じがよりする。道が広い分、客の動きは店から把握しやすく、やり手ババアがより必死に接客をしかけてくるのも松島の特徴と言えるかもしれない。

飛田のような「こんなエロ本の世界が！」「そこに飛び込む！」という印象ではなく、この女の人と一つになれるのかという妙な生々しさを感じながらNくんと歩き続ける。道中で、どういう女の子がいいのか聞いてみた。

「ショートカットでメガネの子が好きです、あとおっぱい」

まだこの日に、メガネの女の子は見ていなかった。そうか、少し幼い感じで真面目そうな巨乳がいいのか。気持ちはまあ理解できるな、と思いながら2人で話して1周する。冷やかしと思われないように、少し距離を取り、彼の後をつけるように歩いてみた。

少しわかりにくい構造の松島新地を、丁寧に細い路地まで歩き、余裕がある風を装いながらくまなく確認しようとするNくん。松島は女の子が複数なので、さっき見た子がもういないってことは飛田よりは少ない。まあじっくり考えながらもなかなか決めきれないかなあと思っていた瞬間、Nくんに動きがあった。

ある店を通り過ぎたと思ったらくるりとその身を翻し、店内へ入っていったのだ。驚きながらも他人のふりをしつつ彼を追い抜くように歩いていくと、Nくんが選んだのはメガネでもショートカットでも巨乳でもない、金髪長身細身ギャルだった。Nくんはその子と2階へ上がって行った。先に聞いていた条件とは全然違う、むしろ真逆のギャルのお姉さんだったのは意外だった。

自販機でいつも買うものより少し甘いカフェオレを買って、車で彼の帰りを待った。20分が過ぎ、「あーあいつ30分1万8000円のコースにしたんだな」と思っていると、30分を少し過ぎた頃、平静を装った真顔の童貞Nくんが帰ってきた。いや、正確にはもはやこのとき、彼は童貞ではなかった。

戻ってすぐに、「どうだった?」と聞くと、どこか自慢げに語り出した。

「最高でした。でも、イケませんでした。僕がおっぱいにがっつき過ぎたせいだと思うんですが……。好みの女の子とは違ったけど、お姉さんが優しそうに微笑んでくれたからつい選びました。でもお姉さん優しかったし、僕今日からギャル好きです。初めてアソコに挿れた感想は、とにかく温かい。温かくてうれしかったです」

落ち着いたふりをしながらも、焦り気味に話してくれた。今日ここで童貞を捨てたことへの後悔は微塵も感じられない。気のせいか、来る前より少し堂々として見えた。

【滝井新地】料金：30分１万４０００円　※顔見せあり

無事Nくんは筆おろしを済ませたわけだが、せっかくなのでほかの新地も見てみたい。次は滝井新地へ向かった。

守口市の住宅地の一角に、滝井新地は突然現れる。置屋は全部で8軒あるが、この日開いてるのは5軒程度だった。

各店舗には、多くて４人ほどの女の子が座っていた。ほかの新地より店舗数は少ないのに、１店舗ごとの女の子が多い状況は、何か人の家に来たような錯覚を覚える。

値段は30分１万４０００円とのことで、ほかよりは安い。呼び込みのやり手ババアが「お

信太山新地

兄さん、ゴムなしでええよ」と声をかけてくるが、全員がそういうわけでもないらしく、若い女の子は対応してないことも多い模様。ゴムなしはうれしくも聞こえるが、性感染症のことなどに少し不安を感じる。

全体に女の子も可愛くて若い子も多いが、どこか暗く沈んで見えた。童貞を捨てたNくんは興奮気味に「こっちの方が安いんですね！」とはしゃいでいたが、多くない置屋のなかで冷やかし気分の我々は少し居心地が悪く、足早にこの街を後にした。

【信太山新地】料金：15分8500円　※顔見せなし

その後グッと移動し、南大阪和泉市の信太山《しのだやま》新地に到着。JR信太山駅から10分ほど歩いた場所にある。自衛隊駐屯地もあるぐらいだから決して都会ではないが、寂れた感じもない街だ。

少し値上げがあったとはいえ、それでも最安の15分８５００円である。店は全部で40店舗ほどだが、密集して建っているため活気を感じることができる。

信太山は顔見せなしで、置屋のおばちゃんの裁量で全てが決まる。こういう運を天に任せるようなシステムこそが、童貞喪失には相応しかったのかもしれない。

といっても、信太山では天が味方してくれる可能性はけっこう高い。南大阪の人間にとっては風俗イコール信太山とも言われる定番の人気エリアで、女の子の質は値段関係なくとにかく高いと評判である。働く側としては、顔見せがなく身バレのリスクが低い。それが、どの店にも若くて可愛い女の子が安定して在籍している一因なのかもしれない。

ちなみに、信太山はシャワーも用意されており、その時間はプレイ時間に含まれない。この点も、コスパのよさをより際立たせるのかもしれない。

大阪五大新地探訪は、以上のとおりである。ソープがない大阪において、誰でも童貞を捨てられる新地という風俗システムを必要としている人は多い。それにどの新地の女の子も、パパ活をするような人よりもレベルが高く、しかも安く遊ぶことができる。

いまや顔見せシステムの置屋は、日本では大阪のみとなった。新地はまさに、裏の大阪名物文化である。その風情と文化を感じるために、そして夜を満喫するために、まずはぶらりと現地を訪れるのも悪くないのではないだろうか。

「自分でお金を貯めてもう一度松島に行きます！」

Nくんはそう言って、終電で帰っていった。


ちなみに、飛田新地では写真撮影は厳禁である。ほかの新地でも、建物だけならいざ知らず、女性や客の顔を撮っては嫌われる。店で働いている女性や遊びに来ている人のプライベートを守るために、写真撮影は控えよう。

飛田新地では警備員を配置して、働いている女性や遊びに来ている人の安全、安心を守っていることを最後に付け加えておく。

裏サービスありと噂の西成中国人スナック

～店の女の子を外に連れ出す常連客たち～

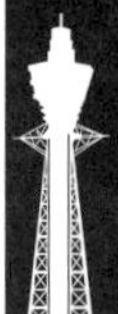

中国人の店で怪しいサービスが提供される？

新世界のジャンジャン横丁真横にある動物園前駅。アーケードを進んでいくと、飛田本通商店街、通称動物園前一番街、二番街にたどり着く。この一帯を盛り立てようとしているのが、株式会社盛龍の社長、林伝竜《りんでんりゅう》さんだ。林さんは福建省から来日して力仕事やコックなどの現場仕事を行い、いまの地位に就いた苦労人である（詳細は拙著『西成で生きる』（彩図社）を参考にしていただきたい）。

林さんに続けとこの地にやってきて、店を切り盛りする中国人は多い。中華料理屋に居酒屋、スナックなど、中国系の店は探せばすぐに見つかる。店先に立って客引きをする中

ジャンジャン横丁

国人の姿も、日常的に見かける。

健全な店が多いが、長年取材をしていると、怪しい店の情報も少なからず耳に入ってくる。この項目で紹介するのはそんな、裏のサービスを提供すると噂のある中国人スナックである。

筆者のもとに寄せられた情報はこうだ。

「表向きは安く飲める中国人経営の居酒屋だけど、裏では女の子を外に連れ出せる」

実態を確かめるべく、客を装ってその店に入ってみた。

確かに値段は安く、昼間から酔っぱらうには懐に優しい値段である。店側からは、「お兄さんどこから来たの」「この店は初めて？」などと当たり障りのない言葉を投げかけられる。

しばらく飲み食いをしていると、ほかのお客さんがちょうどいなくなった。チャンスである。単刀直入に「いくらで外に出られるの？」と店の女性に聞いてみた。

だが、女性は怪訝な顔をして、大きな声で否定する。まあ、当たり前であろう。いちげんの客で標準語を話す人間は信用できるわけがない。追い出されるようにして､店を出た。

いちげんさんお断り

店を出たはいいが、これでは噂の真相を確かめられない。とりあえず、相手のプライドが高いのか女性が違ったのかに違いないとポジティブに考え直し、情報提供者に詳しい事情を聞くことにした。筆者のもとへとやってきたのでいま起きたことを説明すると、笑いながらこう答えた。

「いきなり聞いても無理やで。女の子を連れ出すにはある程度の条件が揃わないとあかんね」

その条件というのが、こんな具合だ。

「ママがいて、管理している女の子が複数在籍している場合はいけるかもしれん。一番可能性が高いのは、常連になって女の子の連絡先を聞いて、その子の都合に合わせることや

中国人スナック街

な。いちげんの客が怪しまれて追い出されるのは当たり前や」

それなら最初から教えてくれてもいいものだが、いまさら言ってもしょうがないのであきらめようとしたところ、思わぬ提案を受ける。

「今日その店は行きにくいから、同じような店に飲み行こうか」

じきじきに違う店へと連れて行ってくれるという。その言葉に甘えることにした。

西成中国人スナックの裏相場

たどり着いたのは、動物園前の商店街から少し外れた人通りが少ない路地にある店。周囲には同じような中国人居酒屋がある。その店舗は、入り口に派手な色彩のローマ字が書かれた看板が出ているのが目印だ。

ほかにお客さんが入っていないのを確認して入店した。

紹介者の男は店の女性と顔馴染みらしく、親しく話し始めた。

「わしの知り合いの東京の人間や。中国人の女の子と遊びたい言うてんやけど、誰かおらへん？」

いきなりそう言ったのでどきりとしたが、女の子は特に動じず、たどたどしい日本語でこう答えた。

「Xは今日休みやで、Yはいま中国に帰っているからおらへんし、私は今日予定が入っているから無理や。ほかの子聞いてみよか」

常連客の強みだろう、先ほどの店で筆者が受けた扱いとは、店の対応がまるで違う。

遊ぶことが目的ではないので提案を断って、いくつか質問をぶつけた。まず尋ねたのは、女の子を連れ出すのにかかる金額である。

「定価はあらへんよ。店にヤクザとかのバックはないから人によるんとちゃうかな。私は1万円。ただし、最低限はボトルを入れてもらって、週1でも店に通ってくれれば、の話やね。別に通わなくても知っているお客さんでボトルを入れてくれて、キチンとした人の紹介があればええんやけどね」

女の子はそのほかにも、この界隈の裏情報を教えてくれた。

西成には女の子を連れ出せる店が、噂では5、6店舗はあるという。店の数がはっきりわからないのは、仲間以外の他店に知られることが絶対にNGだからだ。他店同士の女の子が仲良くしている場合はあるが、ライバル視していることもけっこうあるらしい。この地域の中国人女性は、福建省出身者が大半を占める。地元から遠く離れた地であっても、プライドをかけてバチバチとぶつかっているということか。

この店の場合、プレイする場所は歩いて10分くらいのワンルームマンション。客の名義で借りているそうだ。ショートの時間は30分。金額は、焼酎の安いボトルを含めると、1万5000円程度であろうか。

なぜ、こんなシステムが生まれたのか。

店を紹介してくれた男は、こう説明する。

「この地域だけでも200軒以上の中国人スナックがある。同じような不動産屋が間仕切りなんかをつくっているから、なかの構造はみんな一緒や。でも、外から見ると、客の入りがわかる。暇な店、忙しい店が一目瞭然や。

そのなかで暇な店が始めたのが、この方法やね。女の子を外に連れさせるようになったのは、ここ2、3年とちゃうかな」

店舗同士の競争がさらに苛烈化したら、こうした店舗は今後も増えるのかもしれない。

紹介者は最後に、こんなことも言った。

「店に気になる子がおっても、次もいるとは限らんで。客と結婚して居酒屋を辞める女の子も多いし、夢破れて中国に帰国する子もおる」

というこことなので、このエリアが気になるという方は、まずは変に期待をせず、楽しく飲んではいかがだろうか。そのほうが店にも女の子たちにも好印象だし、次こそは何かが起こる、かもしれない。

兎我野町に集う未成年立ちんぼたち

〜梅田駅近くの狭い路地に立ちんぼが密集〜

立ちんぼばかりの狭い路地裏

梅田駅から迷路のように続く地下街のホワイティ。そのM14番出口から路上に上がってコンビニ裏の狭い路地に入ると、クラブやラブホテルが立ち並ぶアメリカン通りに出る。このわずかな路地裏こそ、未成年立ちんぼが立っている兎我野町《とがのちょう》の売春地帯である。

これまで何度もニュースで報じられ、毎週のように警察による取り締まりが行われているが、いまだにこの地域を根城とする未成年売春婦はいる。報道によれば、高校生や大学生も含まれるが、多くは無職。約５４００万円を売り上げた女性もいたらしい（産経新聞２０２３年12月４日）。

兎我野町の相場は1万5000円、ホテル代は別で、時間は30、40分程度。

筆者が兎我野町を取材したときは、運が悪かったのか立ちんぼの数は多くなかった。だが、この地域の風俗業関係者は、次のように語る。

夜になる前から兎我野町に立つ女性の姿を確認できた

「あんな狭い路地裏やのに、多いときは10人以上立っています。見ている限り、明らかに未成年の子たちも多いですね。安くて使いやすいんか、私らが契約しているホテルにいつも入っていきますよ。多すぎてこっちがホテルを使えないこともあるくらいです。そのときは通報して警察に取り締まってもらうんですが、すぐにうじゃうじゃ湧いてきて、ホンマにイタチごっこですわ」

未成年の女性は、見分けがつきやすいという。

「少し年が上の人はマスクをしていますけど、未成年の子はだいたい顔を出してます。友だちとノリで来ているのか、おしゃべりして騒ぎながら待っている場合

立ちんぼがいる路地裏は、近辺のホテルの名前からアメリカン通りとも呼ばれている

も多い」

　立ちんぼというと素人をイメージするかもしれないが、事情に詳しい用心棒勝男に話を聞くと、意外な答えが返ってきた。

「素人の女の子は3割に満たないですね。もう3割が業者で、あとの4割は後ろに半グレがいます」

　業者とはいったい何か？

「簡単に言えば、ぼったくり店のことです。女性はマッチングアプリを使いながら客を探しています。引っかかった男を自分が絡んでいるバーなどに連れて行って、高額請求するというわけです。店は儲かるんでしょうが、女の子の取り分は大したことないですよ」

　シノギの少なくなった半グレが立ちんぼを食い物にするケースも、増えているという。

「女の子がホテルに行ったら、彼らは近くで待っています。女の子と一戦交えた男性が出てきたら、すぐに集金するんですよ。だから女の子の取り分は5000円から7500円がいいところ。ホンマはキチンと風俗業者に勤めればセキュリティもしっかりしているのですが、彼女らは未成年で風営法に引っかかって働けない。だけどお金が欲しい。そこに半グレが目を付けたとちゃいますか。もともと大阪のとある半グレは女のメンバーもぎょうさんおったし」

大阪の立ちんぼにもホス狂い多し

東京では、売掛金などの問題でホストクラブと売春の関係性がクローズアップされている。大阪ではどうなのか。再び用心棒勝男に聞いた。

「大阪にも、ホスト通いの立ちんぼは多いですよ。ブランド品欲しさもあるんやろうけど、大阪の場合、見た目は本物とほとんど同じ偽ブランド品が安く買えるから、そこまで金は使わない。大阪のホストもけっこう裏であくどいことやってるんとちゃいますか」

そう話すと、知り合いの売れっ子ホストの電話番号を教えてくれた。

用心棒勝男から紹介されたホストは、兎我野町の近くにある有名ホストクラブで売り上げ上位に入る人間だ。

「売春は絶対に強要していません。こんなに問題になっていてやるわけないやないですか」

と語るが、突っ込んで聞いてみると、売掛金問題が大阪でも起きていることがわかってきた。

「まあ、昨日まで売掛の金用意できなかったのに、いきなり10万円とか持ってくる女の子はけっこういたんやけど……。でもその金の出所までは聞かんでしょ。札に名前が書いてあるわけじゃあらへんし、持ってきたら終わりです」

もう少し詳細を聞こうとしたが、一方的に電話を切られた。

兎我野町の取り締まりが難しい理由

東京の大久保公園にしても兎我野町にしても、売春行為を仕切っている暴力団はほぼいない。つまり、バックの組織を取り締まって落ち着かせる、ということができないのだ。前述のとおり半グレは関与しているようだが、暴対法や暴排条例を警戒して、表立って活動はしていないらしい。

一方で、報道や口コミによって兎我野町の認知度はどんどん上がっているため、男性にとっては女の子が買える場所、女の子にとってはお金が稼げる場所というイメージが広がっている。

用心棒勝男は次のように語った。

「2、3日に1回この地域を回りますが、驚くほど可愛い女の子も立っています。もともとは近鉄難波駅周辺や新歌舞伎座の前に立っていた女の子までいますよ」

取り締まりやら人の多さやらを避けて、兎我野町までやってきたのかもしれない。

用心棒勝男は続けて、こう持論を語った。

「いつ現行犯逮捕されるかわからないリスクを考えると、男性は風俗業者に行くほうがええんとちゃいますか。素人っぽさに惹かれて未成年を買う男はけっこういますが、兎我野町には何度も買われて素人とは言えないような女の子も多い。真面目な風俗嬢相手のほうが楽しめると思います」

なお、用心棒勝男いわく、2025年の万博を前に、この地は浄化される可能性があるそうだ。気になる方はその前にこの地を訪れて、自分の目で大阪の性の乱れを確かめてもらいたい。

売春の温床だった泉の広場の現在

~取り締まり後にも立ちんぼたちはまだいた~

泉の広場に立ちんぼはまだいる

梅田地下街ホワイティの外れにある泉の広場。もともとは噴水があり、それを囲うように座れるスペースがあって、待ち合わせ場所として重宝されていた。

しかし、この泉の広場は、大阪では売春の温床としても知られていた。2019年から2020年にかけて立ちんぼの女性61人が検挙されたことで、全国的にも知られるようになる。

現在は、立ちんぼを寄せつけないためかわからないが、噴水は撤去されている。取り締まりに伴い、立ちんぼは別の場所に移ったと言われているが、実際のところはどうなのか。

事情通に聞くと、

「まだいますよ。兎我野町より質は落ちるけど、数人立っています。行けばすぐにわかりますよ」

噴水撤去後の泉の広場

とのことだったので、リニューアルされた泉の広場に向かった。

周辺には桜のモニュメントが装飾されており、かつての泉の広場の面影はない。待ち合わせのメッカとしての顔は健在で、次々と人が集まってくるが、なかには明らかにそれと思しき女性も数人、見受けられる。

真横のカフェに席を取り、観察することにした。

Xや出会い系の掲示板などで売春を募っている可能性もあるので、それらしいキーワードを入れて検索してみたが、ヒットはしない。

女性たちは露骨な客引きをするわけではなく、声かけを待っているように見える。何かあったとき、言い逃れられるようにしているのだろうか。売春防止法第5条第1項では、処罰の対象行為として「公衆の目にふれるような方法で、人を売春の相手方となるように勧誘すること」と明記している。つまり、強引に客引きをしなければ、罰則の規定に当てはまらないのだ。

ホテル街へと消えていく人々

まずは、ブランド品のショップ袋を持ってトイレの前に座りこんでいる、未成年と思われる女性に焦点を絞って観察を始めた。

スマホをひたすら眺め続ける彼女に、何人もの男性が声をかける。女性は男性の顔を見上げるが、一向に立ち上がろうとはしない。タイプではないのであろうか。

30分観察を続けた段階で、声をかけた男は10人以上。中年を中心としたサラリーマン風の人間が多い。

女性に動きが見えたのは、それから約10分後のことである。

若いイケメンの男性が話しかけると、数分の間会話が続く。そして女性はその男性と一緒にホテル街に続く階段を上っていった。

ただ、いかんせん離れた場所から見ていたので、カップルが待ち合わせていた可能性も、ゼロではない（限りなくゼロに近いとは思うが）。読者の皆さんにこの地のリアルをお伝えすべく、別の女性にも焦点を当てることにした。先ほどの女性より前からずっと立っている女性である。

泉の広場にいた若い女性に話しかける男性

あたりにはスカウトをしている男性も多かったが、誰も彼女に声をかけようとはしない。ただ、一定数の男性からは声をかけられている。未成年と思われる女性に振られてそのままこの女性に声をかけた男性も、複数人いた。

カフェにいたら会話が聞こえないので、女性が立っている柱の裏側に移動して、会話を盗み聞きすることにした。

小さい声でやりとりをしているので、はっきりとは聞こえないが、話しかけてくる男は大多数が「待ち合わせ？」「いくら」と聞いている。値段交渉をしているのであろう。交渉は決裂し続けていたが、しばらくして現れたスーツ姿の男性のときに、様子が変わった。

けっこう大きな声なので、会話が丸聞こえである。ガッツリそのつもりのようだ。1万円で話がまとまり、女性は男と腕を組んで、先ほどの女性同様にホテル街に続く階段を上がっていった。

一部メディアでは、厳しい取り締まりによって泉の広場の立ちんぼは壊滅したと報じていたが、実態は異なるようだ。一度根づいた慣習は、簡単には消えないらしい。

場所を移して客を待つ天王寺の立ちんぼ

～天王寺公園にぽつぽつと出没する中年女性～

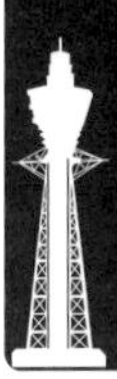

再開発に伴い立ちんぼも居場所を失ったが…

阿倍野《あべの》再開発で著しく街が変貌した天王寺。

２０１４年３月にはデパート、高級ホテルを兼ね備えたあべのハルカスが開業し、日本一高い高層ビル（当時）として大きく報じられた。ご記憶の方もいるであろう。

天王寺駅前にある天王寺公園周辺も再開発が進み、飲食店やスポーツ施設を含む広大な広場「てんしば」が整備されるなど、街はきれいな姿に生まれ変わった。

だが、それ以前の天王寺公園には、違法な路上カラオケやホームレスなどのテントが立ち並んでおり、駅前にはいかがわしい雰囲気が漂っていた。２００３年に行政主導で公園

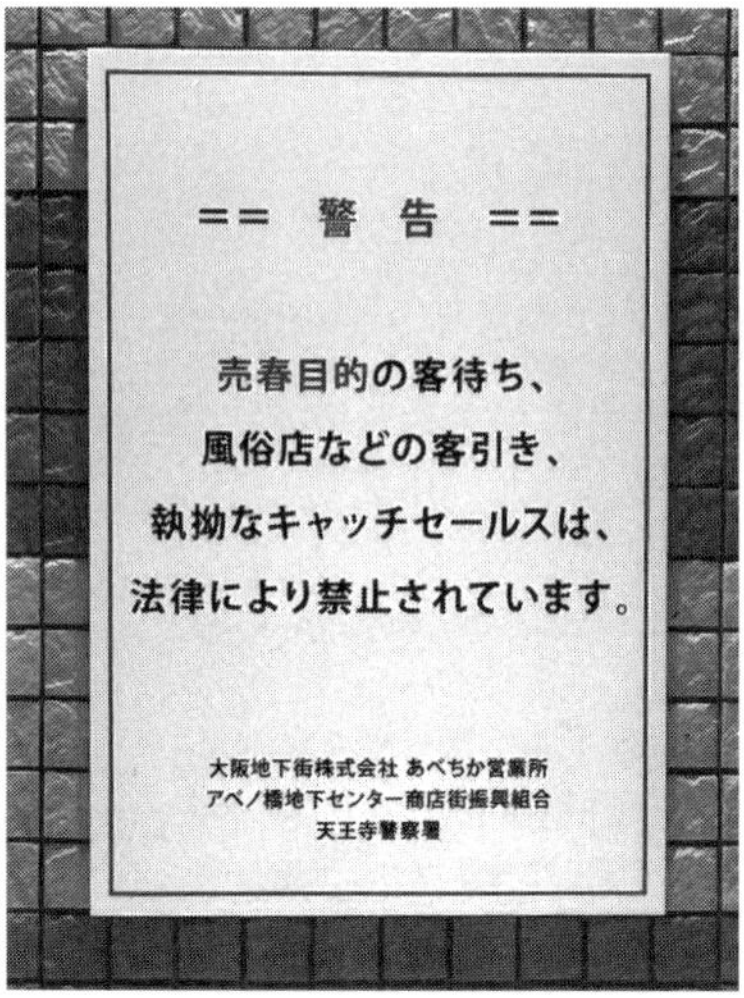

あべの地下街は売春や客引き行為を警戒中

は「浄化」されたものの、周辺エリアには怪しいラブホテルがいまも立ち並んでいる。

ホテルを利用するのは、あべの地下街の立ちんぼたちだ。日本人だけでなく、外国人の立ちんぼもいて関西では有名な存在だったが、大阪府警が厳しい取り締まりを行い、壊滅したとも言われていた。

だが、天王寺周辺に詳しい事情通は、こう話す。

「あべの地下街の立ちんぼはまだいますよ。いなければ天気のいい日はてんしばのカフェの前のベンチに座って、声をかけられるのを待っています」

真相を確かめるべく、現地へと出向いた。

てんしばのベンチにおばちゃん出現

まず、もともと立ちんぼが立っていたあべの地下街に向かう。

あべの地下街は、待ち合わせ場所として使われることも多い場所だ。人を待っていたと言い訳ができるからか、こうした場所は立ちんぼにとって都合がいいようだ。

ただ、1時間ほど張り込みを行っても、あべの地下街では立ちんぼの姿を確認することができなかった。まあ、それもそうだろう。現在は地下街の関係者や警察がかなり警戒しているから、客引きをするのは難しいと思われる。

天気がいいので、事情通から聞いたてんしばのカフェの前に行くことにした。あべの地下街から、歩いてものの数分で着く場所だ。

桜が満開のなか、家族連れが公園の芝生で遊んでいた。その横を通り抜けて、事情通から聞いたオシャレなカフェの前のベンチに座り、観察を続けた。

数人の女性が座ったが、ほとんどが2、3人連れだ。やはり天王寺の立ちんぼは全滅したのか、と思った直後に、50代と思われる地味な女性がベンチに座ってスマホをいじり始めた。

単なる休憩かと思ったが、いままで座っていた女性と雰囲気が違う。近くにあるトイレ

てんしばのベンチに座って何かを待つ中年女性

に行くふりをして通りかかってみると、女性は何かを訴えるような目で、筆者を見てくる。女性の視線を感じながら、数回トイレに行って様子を観察した。

１時間も経った頃であろうか、高齢の男性が、女性に話しかけている。会話は聞こえなかったが、数分の間何かを話し続けている。

話がまとまったのであろうか、立ち上がった女性は高齢者とともに筆者の前を通り過ぎて、公園の北のほうに向かって左折した。この界隈を知っている読者ならご存じかもしれないが、その先は茶臼山町《ちゃうすやまちょう》のラブホテル街である。

別の中年女性も待ち続ける

別の女性が来ないか、引き続き観察を続けていると、数分もしないうちにそのチャンスは訪れた。

やはり中年で地味な女性が、ベンチに座る。筆者の方を向いていたために正面から観察するのが難しかったが、この女性も立ちんぼであることは明白だった。近くにやってくる男性を目で追っているし、何人もの男性に話しかけられていた。ただのナンパであれば、気を悪くして女性もその場を後にするだろうが、女性は立ち上がる素振りすら見せずに、ひたすら座っている。

４人の男性を拒否していたが、その瞬間はいきなり訪れた。前に座っていた女性のときと同じような高齢者の男性が近づくと、二言三言交わして女性は立ち上がった。腕を組んでラブホテル街の方向へと消えていく中年女性。やはり、間違いなさそうだ。

成果に満足して次の取材場所に向かおうとした瞬間、驚きの光景を目にした。初めに座った女性が戻ってきて、ベンチに再度座ったのだ。高齢者の男性と消えてから1時間も経っていない。

筆者は意を決し、女性に声をかけた。相手に警戒されないように、関西弁で話しかけてみる。

もうわかっていたことだが、この女性はここで男性を探していた。30分5０００円でお相手をしてくれるのだという。顔面だけ見れば破格だが、サービスを想像すると決して安いとは言えない。というか、その値段でこれはないだろうと思った。丁寧にお断りして、足早にその場を去った。

　有名であったあべの地下街で立ちんぼを確認することはできなかったが、場所を変えて立ちんぼならぬ、座りんぼが復活していることがわかった。

天王寺のラブホテル事情

　彼女たちが消えたラブホテル街がある茶臼山町について、面白い情報を入手した。

　大阪には、表向きは出会い系を強調しているものの、乱交パーティーや見せ合いなどを売り物にするハプニングバーが、数多く存在する。その延長であろうか、茶臼山町にあるラブホテル街には乱交ＯＫのホテルが数軒あるという。

　事情通は、いまだに無法地帯である天王寺の裏の顔を、次のように話す。

「一時期は部屋の移動が禁止されていましたが、コロナが明けたおかげなのか、いまでも茶臼山には多くの面白いラブホテルがあります。たとえば、乱交ＯＫの人間が多く集まる

Ａというホテル。ドアが開いていたら誰でも乱入ＯＫのサインで、けっこう楽しめます」

実際にそのホテルをセフレと訪れたことのある人間から、話を聞くことができた。身元などをすべて隠すという条件で、男はその様子を事細かに説明してくれた。

「僕がセフレと行ったのは半年くらい前のことです。彼女が寝てしまったのでホテルのフロントに確認を取ってコンビニに行こうとしたら、隣の部屋のドアが開いていた。なんとなく覗いたら、なかでは中年の男女が真っ最中でした。焦ってドアを閉めようとしたら、男の人が手招きをしてくれたので、数分悩んだ末に部屋に入りました。

無言でやっていたのでしばらく何も言わずに見ていたら、男の人が〝疲れたから変わってくれ〟って言うんです。断り切れずに、行為に及んでしまいました。あまり長居をするとセフレが目を覚ますので、20分くらいで部屋を出ましたけど」

そのホテルは、スワッピングをしたい人間が集まることで、愛好家たちには知られているのだという。スワッピングＯＫの場合はドアを開けて待っているのが暗黙のルールらしい。その気がなければ無理強いはされない。

「その人から、気が向いたらいつでもスワッピングしようと誘われたので、いつか一緒に行ってくれる女性とこのホテルで楽しんでみようと思います」

こうしたホテルは、かつては知る人ぞ知る場所だったが、ネット掲示板やユーチューバーの影響で、いまではネットでも情報を入手できる。表向きはきれいに変貌しているものの、天王寺という街の裏の姿は、以前と変わらずにいかがわしさにまみれていた。天王寺を訪れた方は、きれいな商業施設ばかりではなく、路地裏なんかを散策するのも楽しいだろう。

日本橋ＪＫリフレが超人気なワケ
～本番ができると噂になる店が増加中～

路上でオタクを狙うＪＫリフレ

近年、大阪の日本橋では、ＪＫリフレに爆発的な人気が出ている。理由は単純、ＪＫリフレはこの地において、一種の風俗だからだ。裏事情に詳しい用心棒勝男に、話を聞いた。

「関西で風俗店の用心棒をしている勝男といいます。風俗業界には10年以上携わっています。数年前から流行り始めている大阪のＪＫリフレの裏事情についてお話しします。

日本には、二つのオタク街の聖地があります。ご存じ東の秋葉原と、西の日本橋です。西の場合、日本橋オタクロードという通りのなかに、ＪＫリフレは多数存在します」

日本橋は秋葉原に比べると規模は小さいが、狭い一角に多くの商品が混在している。Ｊ

日本橋で声かけをするJKリフレの店員

Kリフレ以外にはメイド喫茶、コンカフェ、電化製品、フィギュア、遊戯王、ポケモンカードなど、ありとあらゆるものがあり、手に入らないものはないぐらいの品揃えだ。すでに摘発されたが、多くの裏ビデオ屋が堂々と看板を出して営業する時期もあった。

そんな日本橋の一角で、若い女性が働いている。大阪府青少年健全育成条例によって18歳未満が働くことは禁じられているが、20歳未満が働くのは普通で、若ければ若いほど人気がある。

「オタクたちにとっては、考えられない出来事だったと思います。制服を着たピチピチでいい匂いのする可愛い女の子が、路上で声をかけてくるんですから。

JKリフレで働く女の子たちは、基本的には路上で声かけをするか、SNSのDMを含めたネット予約で集客します。といっても、9割方は路上での声かけから店舗にお客さんを連れて行くようですね。

女の子はオタクに声をかけると、サービスについて説明します。一緒に添い寝をしてカードで遊んだり、チェキを撮ったり、マッサージしたりイチャイチャハグできますと、友だちのような口調で、会話を続けるのです。普段女に一切縁のないオタクにとって、断る理由はありません」

こうしてオタクは店まで連れられ、料金を支払う。相場は30分4000〜6000円ほどだ。

そのあと部屋に案内してからが、女の子にとって腕の見せどころである。オタクの財布のひもを緩ませてオプションを追加させ、女の子たちは給料を稼いでいく。

3割は金の力でその先のオプションに応じる

オプションでは、どんなことをするのだろうか？

「トランプゲーム、チェキ、下着チラ見せなどですね。単価の高いオプションで稼いでいく方式です。可愛い子と2人きりの空間で肩と肩が触れ合っている。そんな状態でチェキを撮ろうと言われて断る男はまずいませんし、断る男はそのような店には行きません。そこまでは素直に応じて、財布からお金を出して支払うのです」

問題が生じるのは、この先からだ。

「普段女に縁がない男が、制服を着た可愛い18歳前後の女の子と2人きりの空間にいたらそれ以上のことを望んでしまうのが本能です」

用心棒勝男はそう話すものの、ＪＫリフレでは性的なことをしてはいけないことになっている。

「そうですね。ＪＫリフレは性的なサービスは一切なく、本来は絶対にしてはいけないことです。しかし、本能には勝てないのです。

男はＨできないかなと女の子に提案します。ですが、女の子は普通、その気はありません。ＪＫリフレで働く女の子たちは、風俗で働くのが嫌だけど高収入を得たいと集まってくる子ばかり。一切性的サービスをする気はないのです。ですからハグ以上するのは当然嫌がります」

それでも、金の力はすごいらしい。

「5万円あげるからと突然、目の前に金を出されると、女の子も目が眩んでしまいます。結果、一定数の女の子は股を開いてしまうのですね。実際に本番をしてしまう子は3割ぐらいです。残り7割はというと、やんわりと断ってその場を乗り切ろうとします」

もちろん、素直に従わない客もいる。

「本番をしないという選択を取った場合、オタクの暴走が始まります。じゃあどこまでならできるのか、胸を揉ませてほしい、アソコ触らせてなど、要求はエスカレートしていきます。過度な要求に恐怖を抱いて女の子はスタッフに助けを求めますが、基本的にリフレで働くスタッフに強面はいません。余計にトラブルになったりします」

オタクの復讐が一番厄介

JKリフレの客が腕力に訴えても、なんとか対処できるのではと思う読者もいるかもしれないが、問題となるのは腕力というより、ストーカー行為だという。

「オタクの復讐というのが一番厄介ですね。深く根に持って掲示板やSNSに自分勝手な悪口や妄想を書き込んだり、ストーカー行為、待ち伏せ行為を頻繁に行います。でも、警察はそんなことではまず動きません」

ちなみに、こうしたときが用心棒勝男の出番である。2人きりの空間でトラブルになった場合、双方自分のいいようにしか言わない。言った言わないの世界だから、第三者は介入しにくいが、そこをうまく仲裁して女の子が引き続き安全に働けるようにするのが、彼の仕事である。だからこそ、この手の事情にはめっぽう詳しい。

「10年間用心棒をしていますが、仲裁後にトラブルになったことは一度もありません。だから、何かあったときは守ってくれるんだ、と安心する女の子もいます。だけど、こんなことになるならもう面倒を避けよう、お金ももらえるしと思って、できそうな男とならセックスをする女の子もいます。それに、嫌な客だったらまた仲裁してもらえばいいやと悪い方向に進んでしまう子もいますね」

ＪＫリフレの本当の闇

トラブルだらけのＪＫリフレだが、店側は抜本的な予防策を講じようとはしていない。

「もちろん、店は〝本番行為や性的サービスは絶対したらあかんよ〟と伝えていますが、2人きりの空間で行われていることは、正直確認はしていません。店は、〝女の子が勝手にやったことだ〟というお決まりの逃げ文句を言うばかりです」

そんな店の態度も相まって、関西では〝日本橋の〇〇という店は本番ができる〟という情報が広がっている。

「そういうお店は増えていますし、いろんな噂が広まりますね。最初からセックス目当てで来店する客も多いですよ。オーナー側からすると〝これは儲かる〟ということになる。2店舗目、3店舗目と拡大していった結果、いまでは多数のＪＫリフレ店があります」

だが、当然ながらこんな営業が長く続くとは限らない。

「店は毎日忙しいわけではありませんから、暇なときは女の子にチラシを持たせて路上で声かけを行わせます。その結果、週末では50人以上が路上に立って声かけをしている。行政からすれば、目に余る光景でしょう。大阪万博を控えて外の目を気にしていますから、当局の取り締まりは厳しくなっていくはずです。大阪府警はＪＫリフレの摘発も視野に入れているのではないかと思われます」

大阪府警をはじめ全国の警察が問題視していることの一つに、〝空白の1カ月〟というものがある。

18歳になっていても、女の子が高校生であれば、働かせない店は多い。だが、高校を卒業した3月から進学・就職までの1カ月間は別だ。この期間は業界的には高校生、つまり

ＬＪＫ（ラスト女子高生）として通る。その需要が、とてつもなく高いのだ。

そのことを、当事者たちも理解している。高校の卒業証明書を持参し、店にバイトを申し込み、「現役ＪＫ」として自分を高く売り込むのだ。そうして稼いだ金が卒業旅行や推し活、ホスト通いの金に化ける。風俗店でも似たようなことが起こるが、大阪の日本橋ではこの空白の１カ月を狙ったオタクたちが、店に殺到しているわけだ。

この本の読者の皆さんはきっと、金でゴリ押しする非紳士的なふるまいは好まないだろう。気になる方は無理を言わない大人な対応をとって、楽しいひと時を過ごしてはいかがだろうか。

大阪でノリに乗っている風俗店【用心棒勝男特別寄稿】

～ジャンル別オススメのホテルヘルス3選～

この項目では、大阪でいまノリに乗っている風俗店を紹介したい。書き手は風俗業界の用心棒を長年務める事情通、用心棒勝男だ。

119～126ページでコメントしたJKリフレに続き、大阪のオススメ風俗店をご紹介したいと思います。

風俗と言ってもいろいろな種類がありますが、大きく三つに分けられます。ホテルヘルス（デリバリーヘルス）、店舗型ヘルス（箱ヘル）、ソープです。大阪の場合、条例でソープが認められていないので、いざ遊びに行くとなると、五大新地やホテルヘルスが多いのではないでしょうか。

ここではホテルヘルスに的を絞り、「若専」「人妻熟女」「SM」と分けてご紹介したいと思います。基本的に本番はできませんが、それでも大満足できるコストパフォーマンスに優れた優良店をご紹介したいと思います。

大阪のオススメ風俗① やんちゃな子猫

1店舗目は、関西の男なら誰もが知る超有名老舗店、やんちゃな子猫グループの〝やんちゃな子猫日本橋店〟です。

場所は、大阪市中央区日本橋の月光マンションの3階。素人を売りに出したお店です。日本橋駅の7番出口から出れば、すぐに着きます。

ここはなんといっても、女の子のレベルがめちゃくちゃ高い。

18～26歳ぐらいの子が100人ほど在籍していて、どの女の子も可愛い。仕事柄、打ち合わせで何回か店舗に行ったことがあるのですが、多くの女の子を見てきた自分からしても、遊べるお客様が羨ましいなと思ってしまうくらいのレベルです。

加えてリーズナブルな値段設定も魅力で、イベントを使えば60分1万円～で遊べてしまう、夢のようなお店です。TikTokに出てくるような可愛くてスタイル抜群の女の子と遊びたいという方にはぜひオススメします。

大阪のオススメ風俗② 梅田アバンチュール

２店舗目は、梅田駅から10～15分ほど歩いた場所にある有名人妻店〝梅田アバンチュール〟です。

コンセプトは「人妻の癒し、ぬくもり、エロスをあなたへ」。年齢は、20代半ばの若妻から40代後半まで。「心も身体も思う存分癒される楽しいひと時をお過ごしください」というお店の文言だけで、人妻好きの男なら妄想が膨らんで遊びたくなるはずです。

このお店も明朗会計で、不透明なサービス料や追加料金などは一切かかることなく遊ぶことができます。

普段は可愛くて若い子とばかり遊んでいるという方は、ぜひこの機会に人妻が持つ自然なエロさ、本気で求めてくる女を感じてみてください。

大阪のオススメ風俗③　梅田ゴールデン倶楽部

3店舗目は、有名M性感ヘルス〝梅田ゴールデン倶楽部〟です。芸能人ご用達の秘密倶楽部の姉妹店の店舗です。東梅田駅から歩けば、10分以内に着くでしょう。

痴女のみが在籍しており、時間いっぱいしっかり遠慮なく責めまくってくれる素敵なお店です。いざというとき、女性に対して思ったことが言えない方はいませんか。ホテヘルに遊びに行っても乳首を舐めてほしい、アナルを触ってほしいなど、口に出して言えない……。大丈夫です、そんなこと一言も言わずとも、勝手にやってくれます。

完全にプロのハイレベル痴女のみが在籍しているので、ルックス、技術どれをとっても1級品です。まだ体験したことがない方はぜひ一度試してみてください。新しい扉が開くかもしれません。

以上が、この業界を見続けているプロがオススメする極上の風俗店です。この3店舗なら裏切られることはないでしょう。大阪の夜をぜひ満喫してください。

いま熱いハッテン場の数々
～当事者に聞いたゲイにオススメの出会いの場～

マナーの悪い客が増えた堂山

大阪には、男性同士が出会いを求めて集まる、ハッテン場が複数存在する。代表的な場所は、梅田の堂山だ。いまでは全国的に知名度が高まり、一般人の間でも認知されるようになってきた。

しかし、有名になり過ぎたせいで他府県からマナーの悪い客が来るようになり、喧嘩が増えていると聞く。いまでも10軒以上のハッテン場があるが、その道のプロはあまり行かなくなっているという。

事情に詳しい橋本さんに、話を聞いた。

梅田の堂山。ハッテン場や風俗店が多い（adigosts/PIXTA）

橋本さんは、中学生の頃から男を愛して20年以上のベテランだ。見た目は普通のサラリーマンで口調は優しく、その世界の人だとは思えないが、時たま女装をするのが楽しいのだと話す。

橋本さんがこの道に走った当時は、完全に一部愛好家が楽しむ世界で、人には口が裂けても言えなかったそうだが、現在の堂島はその頃とはまったく違う雰囲気になっているという。

「堂山はあまり行かへんな、あそこは商業的な人間が多くて。援交やパパ活みたいだと言ったら言い過ぎかもしれないけど、金銭が発生する場合が多い。同じ性癖を持っているのに金銭が発生するのはおかしいやん」

加えて、堂島には麻薬が多いから行かない、とも語る。麻薬とは、彼らが好んで使うセックスドラッグのラッシュだろうか。橋本さんは首を縦に振ったが、それ以上のことは言わ

通天小町前にいた女装子（左）／通天小町の外観（右）

なかった。

いま熱いハッテン場① 通天小町

堂山以外となると、どんな場所があるのだろうか。橋本さんにいくつか、出会いの場を挙げてもらった。

まずは、新世界にあるビデオ試写室の通天小町だ。

「初心者の方には特にオススメします。堂山はガチの人が多くて、体目当てだったり、警察沙汰にする言うてお金を取ろうとする人もいて、怖いんや。だけどこの通天小町はとても居心地がええんよ。談話室がルームごとに三つあって、そこでナンパ待ちしている女装子や、優しい目つきで私らを待っている男もいるんや。値段も良心的ですよ。話が決まればＶＩＰルームに移って、愛を確かめ合えるのがええかな。特に週末は女装子やガチの人が大勢来て、ナンパ合戦とか始まってとても面白い。ビデオ試写室でもホテルみたいな個室があるので、一晩でもゆっくり談笑できるのがええかな」

実際に通天小町の前に行ってみると、誰かと待ち合わせをしていたのか女装子の姿が見受けられた。

ちなみに通天小町のＨＰを見ると、「よくある質問」のページに「同じ部屋に２人以上で入れますか？」と書いてある。答えは、「入れます。（ただし同性どうしに限ります）」であった。

いま熱いハッテン場　②ビジネスイン英都

次に橋本さんがオススメしたのが、通天小町の横にあるビジネスイン英都だ。

「ここのサウナで話が盛り上がって一緒に部屋に行く、ということがよくあります。通天小町と同じように個人的な出会いを求める人が多いので、商業的なこともなく安心して遊ぶことができます。値段も安い。

私は月に数回利用するけど、いままで不愉快な思いを一回もしたことありません。新世界というと昔は治安も悪く変な噂も多くありましたけど、いまの新世界やこの私ら界隈ではまったくそんなことはなく平和に遊べますね。

年齢層は私ら30代が中心やけど、20代から60代まで幅広いですね」

新世界で有名な映画館についても聞いてみたが、橋本さんは行かないという。

「不特定多数に見られるのは恥ずかしいやん」

と、純情な部分を見せる。

ビジネスイン英都の看板

いま熱いハッテン場③ 試写室アズアズ長田店

大阪市内ではないが、東大阪市にある試写室アズアズ長田店というビデオ試写室も、女装する方は出会いの場として重宝しているそうだ。橋本さんはネットで相手を決めてそこで会うことも多いらしい。

「新世界と違って普通の人も多いビデオ試写室だけど、私ら女装子のことを黙認している不思議な空間です。さすがに、ドアを開けっぱなしにして行為に及ぶなんてことはできないけど。ナンパも多いですよ。それについていくのは怖いから、私は絶対に待ち合わせして準備を万全にして出かけます」

いま熱いハッテン場④ 公園で露出

また、現在は公園でその手の方が露出して性行為に至ることも流行っているという。

「八尾《やお》にある久宝寺《きゅうほうじ》緑地や豊中にある服部緑地などがメッカになっていますね。車じゃなく公園で行為をしているのを見かけるし。ネットの掲示板などで告知してやっているカップルもたくさんいます」

いま熱いハッテン場⑤ 秘密サークル

そのほかにも、秘密的なサークルが密かな人気だという。

「完全にプライベート空間で看板も出していませんが、大国町《だいこくちょう》にある〝女装の迎賓館小悪魔〟が流行っています。場所は非公開で私は数回しか訪れていませんが、ビルの最上階に遊ぶ部屋があって、そこに東京から女装子の大御所とかが来て遊んで行くことで知られていますね。名前は出せませんが、かなり有名な女装子です」

このサークルはＳＮＳでイベントを匂わせ、電話をすると場所を案内するシステムだという。

小悪魔でイベントが行われているときは、裏側からビルを見上げると妖しくピンクに光る窓が見えると、橋本さんは付け加えた。

愛好家にとって普通のビジネスホテルはどうなのか

なお、普通のホテルについては次のように語る。

「シティホテルは当たり前に人を迎えることができるけど、高いやん」

ただ、オススメの場所もあるようだ。

「乱交のときには、日本橋にあるビジネスホテルのヒラリーズを愛用していますね。あそこはフロントを通らなくて部屋まで行ける珍しいビジネスホテルなんです。そこのツインとか大きい部屋を取って、何人も呼んでパーティーをやっています。苦情を言われたことは一回もあらへんね」

人を部屋まで呼べるビジネスホテルは、近年では少ない。ほとんどの場合はフロントを通るつくりになっている。無事にフロントを抜けても、チェックアウトの際にバレて追加料金を取られるケースが多いから、確かに珍しい。店側は気づいていないのか黙認しているのか定かではないが、橋本さんの話を聞いた限りでは、一定の層に需要はあるようだ。

以上が、当事者のオススメする大阪ハッテン場である。興味があるけど怖くてまだ行ったことのないという方は、訪れてみてはいかがだろうか。

第3章 大阪飲み食いディープスポット

安い！ 美味い！ 楽しい！ 西成の名物飲食店

～地元の人々に愛される飲み屋&焼き鳥屋～

ホルモン焼きや焼き鳥、居酒屋、立ち飲み屋が多く立ち並ぶ西成。

筆者はこの地域に通って25年以上になる。顔馴染みの店も多いが、店の入れ替わりもまた激しい。先週まであった店の名前が変わり、オーナーが変わり、店名はもとより営業形態が変わるなど、行くたびに新たな発見があることが多かった。

近年はユーチューブでも、西成を取り上げるチャンネルが増えた。秘境のように扱う動画もある一方で、美味くて安い飯が食える、B級グルメの聖地として取り上げるケースもある。

ただ、この地で暮らす労働者の腹を満たせばいいのだろう、という安易な考えで生まれた飲食店も少なからずある。食材が悪いのか、味のひどい店が多いのも事実だ。

そんな玉石混交の西成飲食店のうち、ここでは筆者オススメの立ち飲み屋と焼き鳥屋を紹介したい。

人情酒場〝立ち呑み　たまりばけんちゃん〟

ここ数年、筆者が西成に行くと必ず訪れるのは、2024年で開業4年を迎えた〝立ち呑み たまりばけんちゃん〟である。

この店は西成のランドマークともいえる三角公園の真ん前にあるので、目に付きやすく日本全国からさまざまな人が訪れる。自然と話が弾むので、何時間滞在しても飽きずに過ごせるのだ。

また、訪れる地元の人たちから、生の西成の情報を入手することができるのも魅力だ。

立ち呑み たまりばけんちゃん

店を切り盛りするのは、マスターのなおき氏と妻のゆきちゃんだ。

なおき氏は次のように語る。

「気を使っているのは、〝誰でも飲めるように値段を安く抑える〟〝味が変わらないようにする〟〝お客さんが楽しく飲めて遊んで家に帰れる〟ことですね。この店には、体が不自由な方や高齢の方も訪れます。そうした方らが楽しく安全に飲めて家に帰れるように見守るのも、僕らの仕事だと思っています」

なおき氏が言うように、体が不自由な方が店で飲めるように、外には広めのテラス席が設置されている。それに、酔い過ぎたお客さんに酒を飲ませないように注意する場面も、筆者は何回も見かけた。時には、近所に住むお客さんを家まで送ったりもしている。本当に、地域に優しい店なのだ。

「知ってのとおり、この地域にはいろいろな人が行き来します。人生に失敗、挫折して逃げ込んでくる人もいる。一方で、お客さんのなかには公務員や大学教授の方なんかもいます。その人らが西成のおっちゃんと楽しく飲んでいる。そういう、誰もが差別しないで楽しく飲める店にしたいと毎日心がけています」

店主の人柄がいいからだろう、お客さんの波は途切れることがない。

このお店には、女性のお客さんも多い。それは、ママであるゆきちゃんの人徳ゆえである。女性客がゆきちゃんに人生相談をするなんてことは、日常茶飯事だ。ゆきちゃんはお客さんの相談を聞きながら、一緒に怒り、泣くこともしばしば。夫婦そろって人間味にあふれている。

名物けんちゃん焼きの美味さはいわずもがな、つまみの種類も豊富で何度来ても楽しめる。一度は訪れてもらいたい名店である。

唯一無二の食感〝焼き鳥ジロー〟

続いて紹介するのは、長年この地で焼き鳥屋を続ける〝焼き鳥ジロー〟だ。この地で焼き鳥を焼いて30年以上、地元民から愛される唯一無二の店である。

もともとは萩之茶屋本通商店街のなかで店を開いていたのだが、現在は仮店舗に移転して営業を続けている。じき、目の前に建設中のビルに移って、店を再オープンする予定だ。

最近は、体調の悪さと年齢から店を閉める日も多いというが、地元の人々はもとより、この味を求めて全国から焼き鳥ジローファンが駆けつける。そんなお客さんのために、店

焼き鳥ジロー。座っているのが店主のジローさん

主のジローさんはこう言いながら店を開け続けている。

「わしも年やから店を閉めて年金暮らしをしたいんやけど、周りが許してくれへんのですわ」

オススメされた焼き鳥を食べると、ほかの店では味わえない食感である。食材はジローさんが自分の目で確かめて、毎日木津卸売市場で選んでいるという。

この地域には特徴的な飲食店が多いが、それはこの界隈の特徴的な店主の個性が店に出ているからだ。荒っぽい店主の店は相応の客層になり、落ち着いて酒を飲むことはできない。一方で、焼き鳥ジローはいい意味で、店主の個性が出ている。店の外観を見るとしり込みするかもしれないが、この界隈では安心して飲める店の一つである。

この2店舗を楽しんだ方は、ぜひ自分好みの店も発掘してもらいたい。

なお、ユーチューブやSNSを中心に大人気店となったホルモンやまきという店について、一つ補足しておきたい。店主が亡くなったという噂が一部で広がっているが、それは誤りである。店を閉めているのは事実だが、実は入院していて、現在は療養中だ。

地元ではこのまま閉めるんじゃないかと囁かれているが、再開するかどうかは、本人次第である。

さて最後に、西成のマナーを一つご紹介しよう。西成で飲み食いをする場合は、営業時間に注意してもらいたい。多くの店は、早朝から働く労働者に配慮した営業形態となっている。夜は比較的早く閉まる店が多い。泊まりの旅行に来た方は、深夜0時にはホテルに帰るようにして、次の日にまた西成を楽しんでもらいたい。

大阪人オススメの美味すぎるコナモン【B・カシワギ特別寄稿】

～いか焼き・ねぎ焼き・たこ焼き・お好み焼きの名店～

食い倒れの街大阪の取材を通じて、いろいろなものを食べてきたものだが、せっかくなのでこの地をディープに知る方に、美味いもの事情を聞いてみたい。そこでご登場いただくのが、大阪で複数の飲食店を経営するB・カシワギさんだ。B・カシワギさんは、大阪のサブカルシーンの牽引者でもあるユニークな人物だ。以下はB・カシワギさんによる、大阪美味いもん寄稿である。

阪神百貨店でいか焼きを買おう

大阪の名物料理と言われて最初に思いつくのは、やはりたこ焼きとお好み焼きだろう。

粉物の街として名を馳せる大阪を代表する食べ物だ。

一般的に粉物といえば、それらに焼きそば、うどんあたりを含めて〝コナモン〟とまとめられることが多い。しかし、実際に大阪人が食べるコナモンにはもう少し種類がある。

阪神百貨店で買えるいか焼き

大阪人には馴染みがあるが、案外大阪を離れると食べることができないもの、それがいか焼きとねぎ焼きである。二大名物であるたこ焼き、お好み焼きに続き第三の粉物と称されるいか焼きである。大阪以外ではいかの姿焼きに甘辛いタレをかけたものや、醤油を塗って焼いたものをイメージするはずだ。

しかし大阪でいか焼きといえば、小麦粉に出汁などを混ぜたものに、切ったいかと溶き卵を入れ、鉄板でプレスしてぺちゃんこに焼いたものにソースをかけて作る料理を指す。

大阪のいか焼きの発祥は、住吉大社の煎餅《せんべい》屋が煎餅焼き機で作ったまかないだったという説が有力だ。阪

ねぎ焼やまもとのねぎ焼き

神百貨店が専用のいか焼き機を開発して地元の祭りの屋台では定番となるなど、いまや一般的な食べ物となっている。
母親が梅田に出かけたらお土産に買ってきてくれたという個人的な思い出もあるが、きっと大阪のさまざまな家庭でそうしたことが起きているのだろう。いまも阪神百貨店のいか焼きは定番の大人気商品として売られているので、ぜひ立ち寄ってみてほしい。

お好み焼きと一緒にねぎ焼きもぜひ

そしてもう一つのねぎ焼きである。そもそも大阪のお好み焼き文化は戦後に広がったと言われるが、それ以前からねぎを小麦粉とまとめて焼いたものはあったようだ。正式にねぎ焼きを商品として店で出したのは、大阪十三《じゅうそう》のねぎ焼やまもとである。

水に溶いた小麦粉にたっぷりのねぎを加え、こんにゃくや炊いたすじ肉などを載せて焼き上げ、味付けは醤油やポン酢であっさりと食べる。これが定番のねぎ焼きスタイルである。

家族でお好み焼きなどを食べに行くと、大人が１枚はねぎ焼きをオーダーし、ソースではなく醤油で食べる姿を見て、なんだか大人を感じつつうれしく食べたものである。ねぎ焼きは大阪のお好み焼き屋では割と見かける定番メニューなので、大阪を巡るならお好み焼きと合わせてぜひ押さえてほしい。

たこ焼きで心底美味いのは浪花屋

そして大阪コナモン文化で重要なのは、やはりたこ焼きである。たこ焼きの店は数多くあるが、当然ながら美味しくないと大阪で商売を続けるのは難しい。なので基本的にどこの店も美味しい。

たこ焼き機は各家庭に１台はあるなどと言われるが、実際は「どこの家にもあるわけじゃないんじゃない？　うちにはあるけど」という反応も多い。「よそは知らんけどうちには

浪花屋のたこ焼き

ある」という回答がよく返ってくる。大体の人がなんとなくたこ焼きを焼けるくらいには、文化として浸透しているということだろう。

ちなみに、そんな大阪の街で心底美味いといつも思うのが大阪市内の南部、大きなサッカースタジアムがある長居駅そばにある浪花屋という店である。

大阪のたこ焼きは、大阪玉出に本店を構える会津屋が元祖として愛されている。具をたくさん入れるわけではなく、出汁の効いた粉とたこの味で食べる。ソースをかける必要もない仕上がりだ。

この会津屋を中心に、シンプルで出汁の効いたふわとろ系の出汁爆弾のようなたこ焼きを出す店があるのだが、ここ浪花屋もそのうちの一つの名店だ。添えられているのが紅生姜ではなく酢漬けの生姜であるガリなのも、さっぱりとした上品な味付けのたこ焼きの付け合わせとしては納得で、とても美味しい。ぜひ一度、大阪人が心から愛する出汁のきいたたこ焼きを食べてみてほしい。

お好み焼きは象屋の豚玉がシンプルに美味い

最後にお好み焼きである。これも当然のように多数の店があり、美味くないと生き残れないジャンルである。

ただ、一言でお好み焼きと言っても店の方針は何パターンかある。飲食店ががっつり食事として提供するパターン。お酒を飲みながら食べるものとして、鉄板を使った焼き物とともにゆっくりいろいろつまめるよう提供するパターン。持ち帰りが基本で５００円以内、おやつ感覚で間食として食べるようなパターン等々さまざまだ。

ただ、大阪でお好み焼きというと、共通するのはキャベツと小麦粉を混ぜてから焼く混ぜ焼きスタイルである。実は、全国的に見てもこのスタイルは大阪の独自の物で、一説によれば１９７０年の大阪万博の頃にこのスタイルが流行したのだそうだ。それを全国から万博に訪れた人々が食べたことで、大阪スタイルが全国区になったと言われている。

そんな群雄割拠のお好み焼き屋であるが、特に個人的に勧めたいものを挙げるとすれば、

象屋の豚玉

西成区玉出の象屋《ぞうや》である。先に書いたたこ焼きの会津屋、いか焼きの住吉大社とも近い場所であるが、戦後復興で元気だったこの周辺から、粉物は大いに盛り上がったようだ。

この象屋では、ぜひシンプルに豚玉を食べてほしい。お好み焼きはソースの味が強いのでどこも美味しく食べられるが、このエリアの店はソースにマヨネーズ、ケチャップ、カラシまで混ぜるのが基本である。ソースの味を調整するような意味もあったかもしれないが、そもそもソース以外のものを調味料にすること自体が考えてみれば新しいものである。

何よりも、大阪人がこだわるポイントである生地のフワフワ加減と、ベースとなる出汁の味のよさがたまらない。大きく1枚に切られた豚肉は脂身がじっくりと焼かれてサクサクに仕上がっており、抜群に美味い。

あっさりとしているようで、その旨味が存分に生地に生かされた、お好み焼き。シンプルなようで、一つの完成形と感じざるを得ない。繁華街から少し離れるが、ぜひ一度体験してもらいたい味である。

歴史をさかのぼれば、千利休が小麦粉を溶いたものを焼いた、「麩《ふ》の焼き」を発端として大阪人が食べてきたのが粉物だ。これ以外にも岸和田のかしみん焼き、今里発のオムそばや洋食焼きなど、粉物の可能性はまだまだ無限に広がっている。改めて粉物の魅力と歴史、そしてその幅広さを楽しむのも、大阪の一つの歩き方ではないだろうか。

スーパー玉出で買い物をしよう【B・カシワギ特別寄稿】

～激安・派手・謎商品で話題のご当地スーパー～

異彩を放つ庶民の台所

旅先の買い物は、地元の人が行くようなところでしたい。お土産物屋や屋台なんかではなく、地元の人がいつも使う店でご飯やお菓子を買いたいものだ。そうなると自ずと足を運びたくなるのがスーパーである。そのなかでもできれば全国展開していない、その土地にしかないようなローカルスーパーを訪れるのが、私にとっては一つの旅の楽しみである。ローカルスーパーに行くと、その国や土地の物価がわかるのだ。

大阪にも複数のご当地スーパーがあるが、なかでもひときわ異彩を放つのは、スーパー玉出である。

近年はそのロゴマークで作られたTシャツやショッピングバッグ、サコッシュなどが展開され、全国的に人気を得ているので、ご存じの方もいるかもしれない。２０２４年10月現在、20店舗を展開する玉出だが、その全てが大阪府内で展開されている。

大阪の名物スーパーである、スーパー玉出

派出なPOPが目印

店の特徴は、なんと言ってもその独特な外観である。派手な黄色い看板に赤色で書かれた「スーパー玉出」の文字。電飾で作られた花火が店の前に設置され、店内入り口には大量のネオン。多くの店が24時間営業で、そのためか夜でも煌々と光るその店舗外観は、常々パチンコ屋と間違われる。外観だけでも大阪名物として異常な存在感を醸し出しているのだが、売り場が本気の激安スーパーである点も特徴的である。

まず、玉出名物に〝1円セール〟というものがある。

1000円以上の買い物をすると、もやし、シュウマイ、たわし、たい焼き、コーヒーなどその日の特売品が1円で購入できるのだ。早い話、ほぼタダ値である。

それに通常のメニューも、少し値上がりした近年でもお弁当は358円から、天ぷらなども一つ100円以内、揚げ物などのお惣菜も100円からが当たり前で、白ごはんなども68円から買える。

過去にはあまりの安さから質が疑われ、「玉出の弁当はよく腐ってる」などとも言われていた。かつて、知り合いのホームレスと会う前に「何か弁当でも買ってきますよ」と話すと、「なんでもええけど玉出だけはやめてな！」とお約束のように言われたものだ。

そういう風評が多かった玉出が、2018年にスーパー経営とは無関係なところで大きく話題になった。飛田新地の店舗を暴力団に貸していたとして組織犯罪処罰法違反で創業社長が逮捕されるという、衝撃的な事件が起きたのだ。すでにそのときには玉出は別会社へ売却され、社長も交代していたため大きなダメージはなかった。運営会社が変わり、少しの値上がりはあったものの、食べ物のクオリティはグッと上がり、いまはただ安くていいスーパーとして展開している。

ただ、店舗数は少し減少し、名前の由来にもなった本社のある大阪市内西成区玉出を中心とした近辺に絞っているようだ。過去には不動産屋、喫茶店、弁当屋、ボウリング場、ボクシングジムほか、手広く事業を展開していたが、近年はアパレルに力を入れ始めている。これからどんな展開をしていくのか、気になるところである。

毒の処理をせずフグを販売して全国ニュース

そんなスーパー玉出が良くも悪くも世に名前を広めたのは、単に安いからではなく、さまざまな伝説的商品が世間を賑わしたからである。

大きなニュースとなってしまったのが、２０１６年にフグをそのまま販売した事件である。

ご存じのとおり、フグは摂取すると大人でも死んでしまう猛毒を持っており、それをさばくには専用の調理師免許が必要だ。さらにはさばいた後、その毒のある部位は専用のゴミ箱に捨てるほど管理が難しく専門的な魚なのだ。しかし玉出はそのフグを毒の処理もしないまま、まるごとパック詰めにして店頭に並べ、販売してしまったのである。

すぐに店員が気づき、実際に購入した客はいなかったようだが、売られていたフグの写真がSNSで拡散して大騒動となり、食品衛生法違反の恐れがあることから大阪市の調査を受けるハメになった。しかし、こんなことは我々玉出好きとしては割と日常茶飯事である。

どう見ても食用ではない目玉商品

2000年前後に自分の住む街の近くに玉出ができて、とにかく安い商品が買えるとうれしくて通い出したのだが、ジワジワと大変さを感じるようにもなった。

鮮魚コーナーにサワガニが生きて売られている、やたらにでかいタイラギ貝が一つだけ売っている、なんてのはまだいいのだが、当たり前のように袋に入ったメダカや金魚も鮮魚コーナーで売られていることがあった。食用ではないんだろうなあ……と思いながらも、さほど気にはしていなかった。きっと子どもが買ってもらうのだろうと思っていた。

しかし、ある夏の日に店内が少しドブ臭い気がするなと思い、鮮魚コーナーを見て驚いた。生きたザリガニが売られていたのだ。食用として食べることもあるらしいが、あからさまにそこらへんの田んぼや川でとってきたのでは？　と思う見た目で、値段は100円くらいだった気がする。

しかし、「売れるものはなんでも売る」という玉出の気概は強い。もっと暑い夏のある日、僕はお弁当コーナーの横に売られているカブトムシを見た。「カブトムシ⁉　食用？　でも、土入ってるし」などと思いつつ、カゴ付きで３９８円という値段は良心的だなと思った。土の匂いが少ししたのは当然である。

クリオネまで食用？？？

そんなとんでもない商品を堂々と売ってしまう玉出だが、そのなかでもネットを一番賑わせたのが〝クリオネ〟である。氷の妖精と呼ばれる、流氷とともにやってくる妖精のような海の生き物クリオネが、１３８０円の鮮魚として瓶入りで売られたのである。

そもそもクリオネは鮮魚なのか？　食用にしては豆粒ほどのサイズだが……。一般に観賞用のクリオネは３０００円前後で販売されているようだが、玉出は３匹入って１３８０円だったので、ある意味格安である。ただ、日本では北海道付近の海で生息することからわかるように、彼らは低温でしか生きられない生き物。飼うとしても一般家庭では冷蔵庫に入れるしかない。

結局、気になったので購入することになった。それにしても、なぜ玉出でクリオネを売っているのか。どうしても気になって、翌日に購入した店に出向いて聞いてみた。すると返ってきた答えは予想を超え、シンプルだった。

「だって持ってくるから」

なるほど。玉出では店舗ごとに仕入れが多少違うようで、この店舗は漁船の船1隻で獲れたもの全てを買うというシステムなのだろう。だから、持ってきたらなんでも店頭で売る。ぐうの音も出ない理由である。ちなみに、フグを丸ごと売ったのも同じ店舗なのでより納得である。

これらはあくまで経営母体が変わる前の過去の話であるが、大阪という大らかな街にスーパー玉出は合っている。24時間営業で写真に映える外観、安い食事にオリジナルアパレルもある。大阪観光を楽しみたい方々の全方位的にマッチする、最高の場所ではないだろうか？　関東を中心に展開する肉のハナマサと業務提携を始めるなど、販売力強化にも余念がない。他県にはないオリジナルすぎる激安スーパー、ぜひ一度足を踏み入れてほしい。

穴場の飲み食いスポット堺東・翁橋のいま

～美味い店がある駅前、寂れる繁華街～

堺東で元気な一角

堺は、南大阪を代表するベッドタウンとして知られている。堺駅からはなんば、梅田など繁華街へのアクセスが容易で、関西国際空港にも乗り換えなしで行くことができる。それでいて比較的安く住むことができるため、家族連れや外国人に人気である。

ただ、堺駅周辺は住宅街が広がっており、飲食店はさほど多くないので、堺で飲み食いしたい方は、堺東《さかいひがし》というエリアをオススメしたい。

堺東は、市役所や裁判所のある官庁街だ。駅前にはホテルやオフィスが立ち並んでおり、人の往来は多い。南海電鉄における乗降客数ランキングは、堺東駅は堺駅よりも上位の第

4位である。

駅から10分ほど歩くと翁橋町《おきなばしちょう》という歓楽街に着くが、地元で長年暮らす人間いわく、

「いまは寂しいネオン街で、元気あるのは風俗だけですわ」

とのことなので、食事を楽しみたい方には向かないだろう（翁橋町の様子は後述する）。堺東を楽しみたい方は、駅の西出口を出て数分の場所にある飲み屋街に行ってもらいたい。商店街の端っこにローカル感漂う飲み屋が20軒ほど存在しており、堺東やその周辺の酔客から支持され愛されているのだ。

そのなかから、堺東の立ち飲み屋を代表する2店舗を紹介しよう。一帯の飲み屋はすべてが安く楽しめる飲み屋であるが、以下の2店は特に、価格以上の味を楽しめる。

朝から営業する立呑み処三好屋

まず紹介するのは、朝から営業している〝立呑み処三好屋〟だ。3代同じ立地で営業する、地元民から愛される店である。

東京の場合、赤羽に行けば1000円で飲み食いできるせんべろの店がたくさんあるが、

三好屋はそれと同程度か、それ以下の金額で楽しく飲むことができる。メニューを見ると、２００円台、３００円台のつまみが充実していた。

　店主の寺田嘉文氏は、「昔の堺東の方が栄えていて、人も多かったですけどね」と言うが、店には客がひっきりなしに訪れていた。筆者が開店直後の朝９時過ぎに訪れたときは空席が目立ったが、それから１時間もしないうちに酒を求める人が増え、あっという間に満席になった。２階にも客を通していたが、客足は止まらず大繁盛している。

1000円払っておつりがくる立呑み処三好屋

　寺田氏はこう話す。

「先代も先々代も私と血は繋がっていませんが、のれんを継がせてもらった以上は店を大事にしたい。私の代で値段が高い、まずいとか変な噂が立つと、先代と先々代に迷惑がかかりますから。先代たちのおかげで三好屋という店はこの地域に根づいていますし、愛されています。それを私の代で途切れさせることは、絶対に許されないことですわ。私はこの街で生まれ育った分、街や地域に愛着があります。のれんだけじゃなくて、この一帯を守り続けることが大事やね」

なお、店名には「立呑み処」と入っているが、実際には座って飲むこともできる落ち着いた店である。

マグロが美味すぎる栄屋

続いて紹介するのは、〝栄屋〟だ。メディアでも取り上げられることのある名店である。栄屋のオススメメニューは、なんといってもマグロ料理だ。

店主はマグロ愛について次のように語る。

「この地域で魚を出す店は少ないですが、うちでは毎朝大阪の黒門市場に通って仕入れています。長年の付き合いがあるから､本当に美味しいマグロを安く仕入れることができる。だからお客さんには、味も価格も満足してもらうことができます。いまの黒門市場は外国人も多く訪れて観光地化しているので、店頭に表記されている値段では、とても高くて買う気にはなれませんけどね」

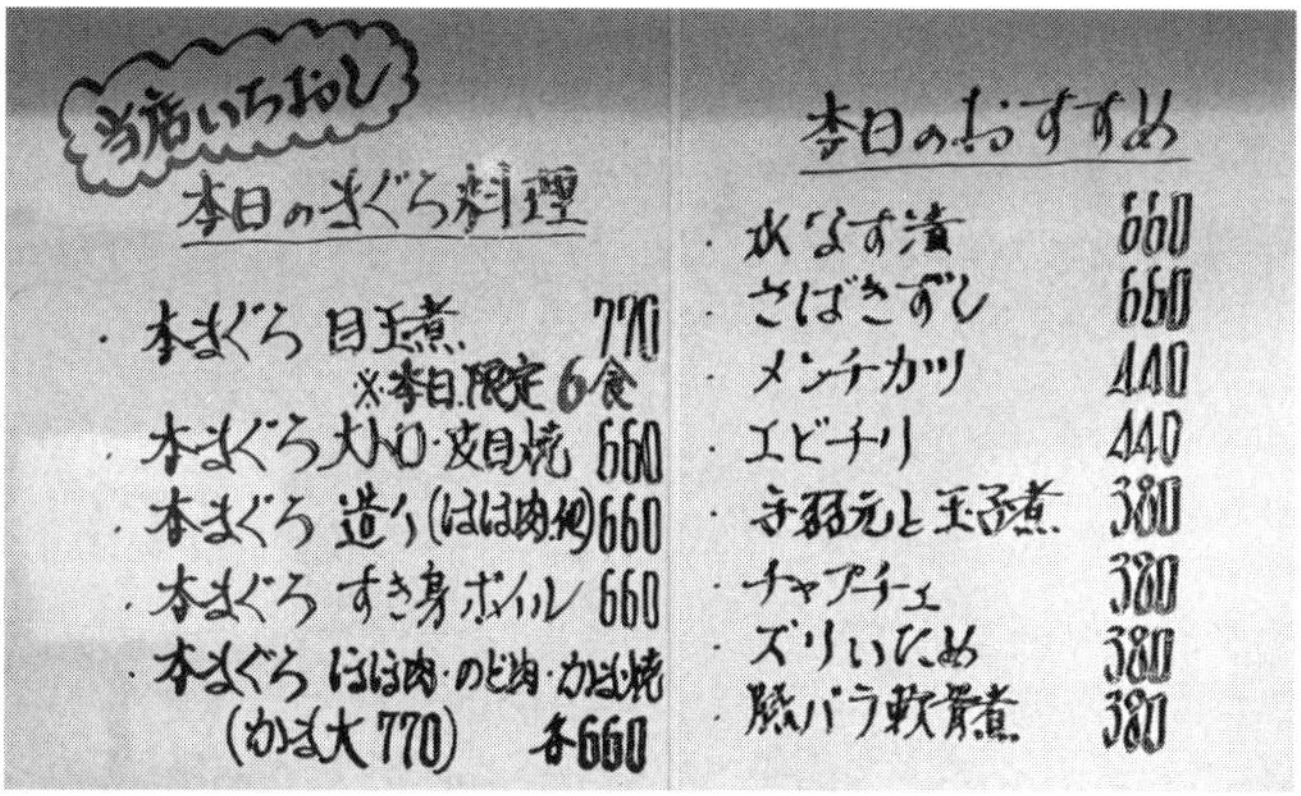

栄屋のメニュー

栄屋の料理

壁に掲げられているメニュー表を見ると、本マグロの料理は600〜700円台と、驚くほど安い。しかも、出された料理は一口食べるだけで、マグロの新鮮さが伝わってくる。すぐに甘みが口に広がり、舌の上でマグロがとろけて、美味いとしみじみ実感する。10人も入れば満員の店内だが、店は絶えず客で混み合い、人が入る余地が全然ない。店主が気さくで、酔客と楽しく会話を続けているのが印象的だ。

なお、堺駅近くは新興地域である天神の飲み屋街も有名だが、財布に優しい価格とは言えない。安く酔いたい方はこの2店を中心に、堺東ではしご酒をして回ることをオススメする。

カオス感満載の翁橋町

堺東のオススメ立ち飲み屋は以上だが、もしもこの周辺でディープな雰囲気を味わいたいという方がいたら、翁橋町《おきなばしちょう》に行ってみてもいいかもしれない。先述のとおり、地元の人からすると寂れたネオン街だが、カオスな雰囲気は満載の場所である。

前出の地元民は、こう語る。

「もともとは梅田の北新地やミナミの宗右衛門町と肩を並べるくらい栄えていて、翁橋町で飲むと〝お前出世したやんけ〟と言われるほどだったんや。有名なクラブやラウンジは数軒あったんやけど、いまは外国人の飲み屋や小規模な居酒屋、ガールズバーなんかが増えて、わざわざ遠くから足を運ぶほどの歓楽街ではあらへん」

そこまで悪く言われると、逆に気になるものである。筆者は翁橋町を散策することにした。

翁橋町のネオン街

春休みの土曜日の夜中とあって、人はある程度いた。だが、人でごった返すミナミや北新地に比べると雲泥の差がある。目立つのは、ガールズバーやその客引きぐらい。新規オープンの花輪や周年の祝いで飾られたガールズバーはあったが、ほかに目立つ店はなく、ビルに掲げられたネオンの数々が空しく光っていた。

ネオンの文字から判断すると、フィリ

ピンクラブや韓国クラブ、東南アジア系の店なのだろう。怪しい雰囲気が漂っていて、カオス感は倍増する。立ち並ぶビルはほとんどが昭和に建設されたのであろうか、老朽化が目立ち、陰気臭さがすさまじい。テナントを募集している空き店舗も多い。

ここまで寂れた雰囲気なのは、堺東の立地ゆえだろう。この地は、ミナミを有する難波に電車で10分ほどの好立地に位置する。つまり、酒を楽しみたい人間は、難波に行くというわけだ。わざわざこの地で酒を飲んで遊ぶ人は、多くないのだろう。

ただ、駅から少し歩くということは、反対に人目を避けて歩けるということでもある。そのせいか、テナントすべてに風俗店が入っているビルも目立った。風俗サイトで出張型の広告を見ると、〝堺東発〟などの広告も目立つ。翁橋町には、プレイ場所として使われるラブホテルも点在している。店舗は受付けと待機場所として活用されているのであろう。

駅に戻る前に、ひときわ看板が目立つガールズバーに入ってみたが、思っている以上に空席が目立ち、場末感が充満している。特筆すべきことはなかったので、ここでは省略する。どうやら、地元の方の話は本当だったようだ。堺東で遊ぶなら、駅前の安い飲食店に向かうのが吉である。

存在感大！ ディープスポット味園ビル【B・カシワギ特別寄稿】

～魅力的な飲食店が集うカルチャーの発信地～

昭和に建てられた近未来的なビル

ふらっと遊びに旅立ったのであれば、地元の飲み屋で土地の話を聞きながら、その街に溶け込んで過ごしたい。繁華街であっても、どこにでもある店ではなくて、地域に根づいた店がいい。

そんな方に向けて、ミナミのディープなクセのある呑み屋を紹介しよう。大阪千日前にある大型レジャービル、味園《みその》ビルである。

１９５０年代に建てられたこのビルは、昭和レトロ建築の魅力が満載だ。当時あったダンスホールでは外国人ダンサーがショーを行い、ピンク・レディーや和田アキ子もス

味園ビル

テージに上がったりした。在籍ホステス１２００人という日本最大級のキャバレーもつくられている。高度経済成長の日本の豊かさとエネルギーを象徴するようなビルである。大阪出身の方なら、かつて近未来的なローカルＣＭを見たこともあるかもしれない。

ダンスホールとキャバレーで隆盛を極めた味園だが、ホテルやサウナや宴会場、マッサージにスナックなど、時代とともにかたちを変えていった。サークルの飲み会や会社の歓送迎会で宴会場を訪れた人も多いだろう。とにかく人々の思い出が詰まったビルである。

ビル内の装飾には職人が手がけたものが多く、噴水や看板など、風水の考えを大切にしたこだわりのポイントが至るところにある。ハリウッドの巨匠リドリー・スコットが『ブラック・レイン』の撮影場所としてオファーしたという、スケールの大きな逸話もある。

面白飲食店が増加して街の中心地になる

そんな味園ビルにも栄枯盛衰はあり、2階のスナックテナントが減って、少ない時期には2店舗にまでなった。

しかし、2000年頃からテナントがよりオープンに貸し出された。なんと、保証金なし敷金礼金なしである。ビルを愛する人たちが次々と集まり、やりたいことを実現すべく、新たな店をオープンさせた。これにより、味園ビル2階のスナック街には、面白い飲食店が増えていく。その後、キャバレー本体も閉業したが、同地はライブハウスのユニバースとして再出発している。

2015年頃から、千日前周辺は裏なんばと呼ばれるようになり、魅力的な飲食店がひしめく場所として知られるようになった。味園ビルはその中心地として、強い存在感を放ち続けた。

また、ユニバースもその独特な雰囲気から多くのミュージシャンに愛され、毎晩のようにライブが行われた。渋谷すばる主演で『味園ユニバース』という映画もつくられており、ディープな大阪を代表するビルとして、全国的にも知名度を上げていった。

味園ビル内観

味園ビルの魅力的なお店の数々

味園ビルのなかには、バーを中心とした40以上のテナントが入っている。いずれも、特徴だらけの店である。

筆者の運営するなんば白鯨、なんば紅鶴ではお笑いイベントやトークイベント、怪談などを毎夜行っている。そうした空間に、バンドマン、プロレスラー、芸人、劇団員、漫画家、ＳＭ関係、夜職、公務員、サラリーマン、コンカフェ嬢から葬儀屋などさまざまな人々が混ざり合って訪れている。風俗街、オタク電気街、歓楽街、観光地、黒門市場といったエリアの境目とも言える場所なので、国内外問わずツーリストからも人気のスポットなのだ。まさに大阪ミナミの街を凝縮したようなビルである。

それに、お財布にも優しいのがうれしいところだ。チャージとドリンク代合わせて

１０００円前後の店がほとんどで、気楽にふらりと立ち寄ることができる。

そんな魅力あふれるビルを堪能できるのも、残りわずかとなった。急遽、２０２４年末でテナント群の退去が決まったのだ。歴史あるビルなので毎年取り壊しが噂されていたのだが、終焉が本決まりとなった。

残り少ない時間、歴史あるこの建物を見るだけでも訪れる価値はあるし、そこで飲むというのはまさに大阪を体験すると言えるのではないだろうか。取り壊し後にこの本を読んだ方にもぜひ、こんな面白い店があったんだということを知ってもらえるとうれしい限りである。

コンセプトが強すぎる店で酒を楽しむ

～ミナミで夜な夜な人が集まる個性的な飲食店～

メンヘラの壁

ミナミの雑居ビルの3階のドアを開けると、ピンクの照明で明るい店内に、ひときわ目立つディスプレイがある。そこには、店名である〝メンヘラの壁〟という文字が大きく躍っている。色彩の異様さに、訪れたお客さんは驚くに違いない。

「都会は病む」

このキャッチフレーズのもと、大都会ミナミのど真ん中の心斎橋に、飲食店のほかアパレルなども経営する〝校長〟がオープンしたバー、それがメンヘラの壁である。校長はいまやインフルエンサーの1人であり、彼のセンスが詰まった店は、連日客足が途絶えないほどに人気だ。

「ここは僕の頭のなかだと思ってください」

校長はそう語る。まさにそこは、子どもがそのまま大人になった校長がつくった、遊び心満載のバーなのだ。働いている男女の店員も感じもいい。

メンヘラの壁店内に置かれたディスプレイ

ミナミはほんの数年前までは無法地帯のような場所で、ぼったくりは日常茶飯事、昏睡させて財布を抜かれる事件も多々起きた。悪い噂が先に立ち、飲みに行くことは危険と思われていた時期もある。

現在もぼったくり、プチぼったくりの店は多いものの、校長が経営している店でぼったくられることはないので、安心してもらいたい。むしろ、かなり安いのだ。オシャレな人間や旅行に来た人間が多く集まるメンヘラの壁。ミナミに来たのであれば、夜はこの店で飲んだくれるのが正解だ。

人形酒場絶望の壁

〝人形酒場絶望の壁〟。この店のキャッチフレーズは、「日本一怖いホラーバー」である。

店内はキャッチフレーズそのままで、メンヘラの壁同様、遊び心満載の校長がプロデュース・経営している。

絶望の壁の店内

何が怖いのかといえば、供養されていない人形が座敷席の奥をはじめ至るところに飾ってあり、壁一面には不気味な絵が描かれているのだ。バックミュージックとして般若心経が流れており、四方八方から不気味な雰囲気を味わえる。

たとえば、カウンターで座って飲んでいると、誰もいないはずの後ろから視線を感じることがある。ふりむくと不気味な人形の絵がこっちを見つめているのだから、確かにコンセプトのとおりである。校長の話では、霊感のある人は店に入るとすぐに席を立って帰ってしまうという。

筆者はこの店に、霊感のない知り合いを連れて行ったことがある。店では平気そうな様子を見せて笑って飲んでいたものの、夜中に人生初のキツイ金縛りに遭い、死ぬほど怖かったとの感想を後日聞いた。

校長は「閉店の日は決めている」と言うが、何か心霊的な問題や事件が発生したら、その前に店を閉めるかもしれないと言っていた。

心霊体験を味わいたい方は、店が閉じる前にぜひ訪れてもらいたい。ちなみに、おでんなどのおつまみ、本格的なパスタなどで腹を満たすこともできる。

道草アパートメント

大阪ミナミの日本橋には、道草アパートメントという異様な外観の建物がある。

映画監督であるかなた狼《うるふ》さんが築60年以上のアパートを譲り受け、夢を持つ若者を育て

道草アパートメント

たいという考えから生まれた建物だ。昭和初期に建設された長屋の壁にグラフィティが施されており、なかでは数軒のバーやアパレルが営業している。道草アパートメントの外側は落書きのように見えるが、さまざまな有名アーティストが描いたグラフィティで、これだけでも見る価値があるのだ。

店舗の一つであるレトロ雑貨バー、ツギハギ堂の店主である直輝氏から取材許可をもらい、数時間滞在させてもらった。

店をオープンさせるにあたって苦労はあったが、いまではいい思い出だと直輝氏は語る。

店名にレトロ雑貨&バーとあるように、薄暗い店内には雑貨が数多く飾ってある。アンティークが好きな直輝氏が集めた、趣味のいい雑貨である。

この雰囲気を味わいたいがために、1人で訪れて酒を飲む女性の姿も多いという。気さくでトークがうまい店主の直輝氏と楽しい時間を過ごしたい方は、ぜひ足を運んでもらいたい。

ミナミの不夜城三ツ寺会館【B・カシワギ特別寄稿】

大阪の若者の街といえば、真っ先に思いつくのがアメリカ村である。ジーンズショップや古着屋、クラブ、ライブハウスと、若者の集まる場所にあふれたエリアだ。

修学旅行生など若い観光客があこがれる街でもあり、奇抜なファッションもこの街では肯定的に受け止められる土壌がある。

若者が集まることから夜遊びの街としての顔も持ち、リッチドールなど大阪では数少ない店舗型風俗店もある。ヒップホップの聖地とも呼ばれる洋食店ニューライトなど、印象的な飲食店も数多い。

大阪の人間がそんな街で酒を飲むならば、一度は行くのが三ツ寺《みってら》会館である（通称ミッテラ）。特徴的な飲み屋がひしめきあう、ミナミ、ひいては大阪を代表するディープスポットだ。

三ツ寺会館

地下1階から4階まであり、どの入り口から入ればどこにたどり着けるのかもわからなくなる、ダンジョンのような雑居ビルだ。ビルを管理している管理会社によると、飲食店、バー、イベントスペースなど、約50軒ものテナントが集まっている。

1階には人気のうどん屋もあり、寿司屋もある、派手な飲み屋は当然ある。昼しか開いてない店ややる気のあるときにしか開かない店もある。ビルをあちこち歩いていると、さまざまな生き物が集まって生きているような錯覚を覚える。このビルの魅力は、一度行っただけでは味わいつくせない。ぜひ何度も訪れてお気に入りの店を見つけて、ミナミで遊ぶ拠点をつくってほしい。

西成のドヤに宿泊しよう

～安くて安心して泊まれるドヤの探し方～

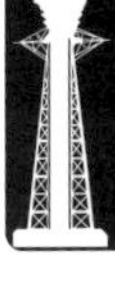

ドヤとは

この章の最後に、大阪旅の締めくくりの場所としてオススメの宿泊施設をご紹介したい。場所は、西成である。

ミナミに天王寺、新世界、五大新地など、西成は人気エリアにアクセスしやすい。関西国際空港から電車で乗り換えることなく行けるため、外国人観光客も多い。動物園前駅や新今宮駅近くには星野リゾートやチサンホテル系列のホテルが開業するなど、宿泊施設も年々増えている（駅を挟んで向かいにある浪速区側にできた宿泊施設も含む）。

動物園前駅から南に５分ほど歩いた場所にあるドヤ街

ただ、居心地のいい快適なホテルは多数あるものの、大阪でしか味わえない場所を選ぶなら、やはりドヤは外せない。

ドヤとは簡易宿泊所のことで、「宿」を逆から読んで「ドヤ」である。もともとは労働者向けに造られた建物であり、西成には多いときで２００軒以上あった。

魅力はなんといっても、安さにある。１泊１０００円台、２０００円台のドヤは当たり前で、５００円程度という破格のドヤもある。夜は静かで、近くにはバーなど適度に遊ぶ場所もあるから、国内外の観光客がドヤを利用している。

ただ、注意してもらいたいのだが、値段が安いのは観光客を呼び込むためではない。日雇いの労働者のための値段設定である。少し古いが、２０１０年の大阪市の資料を読むと、この地域の人口は2万５８００人。そのほとんどがひとり暮らしの単身世帯だ。そうした単身者はドヤに拠点を置き、週払いや月払いの契約を結んでいる。そのため500円クラスの安いドヤも、2泊以上でないと受け付けていないケースがままある。

ドヤの関係者のなかにも、観光客を歓迎しない人間はいる。あるドヤ関係者は次のように本音を漏らす。

「インバウンドはいつまで続くかわからんし、観光客の需要に応えようと改装したら金がかかる。一般客を呼び込むよりも、行政を巻き込んで生活保護者を呼び込んで、手堅く金をもらった方が効率いいんや」

労働者の減少とともに衰退したドヤは多いが、福祉アパートに転用して生活保護受給者を囲っているケースは少なくない。生活保護受給者は行政から毎月決まった金をもらえるから、アパートの貸主は安心して家賃収入を得られるわけだ（大阪市が単身の生活保護受給者に支給する住宅扶助費は、上限4万円ほど。そのため家賃を4万円に設定している福祉アパートは多い）。

安全なドヤの探し方

散々なことを書いたので、この地域に近寄りがたいイメージを抱くかもしれないが、現在の西成はいたって快適で、観光客を受け入れている安いドヤもあり、泊まるにはうってつけである。ライブ鑑賞や旅行目的なのか、1人でドヤに宿泊する女性の姿も多く見かける。

サービスも向上しており、以前はコインロッカーや荷物預かり所に預けるしかなかった荷物を、チェックイン前後に預けることができたりする。普通のホテルでは当たり前のことが、この地域のドヤでもできるようになっているわけだ。

では、どこがオススメなのか。比較的泊まりやすいドヤは、動物園前駅に集まっている。このあたりには、大浴場を撤去して共同浴場にしたり、バス、トイレを各部屋に設置するなど大改装を行って、一般の観光客が利用しやすくしているドヤもある。3000〜5000円も出せば、安全に泊まれる良質なドヤが見つかるはずだ。この価格帯はドヤとしては高い部類に入るが、すぐ近くには1万円を遥かに超えるホテルが多いので、断然お得である。旅行サイトを見れば誰でも探すことが可能なので、気になる方はチェックしてみてはいかがだろうか。

ドヤ滞在記

西成や堺東、ミナミなどの取材をする最中、せっかくなので交通の便がいい西成のドヤに数日滞在した。

前述した値段の高いドヤではないが、労働者だけでなく観光客も積極的に受け入れている、比較的メジャーなドヤだ。フロントの対応はそこらのビジネスホテルと大差はない。トイレ、風呂は共同で、風呂の時間は決まっているものの、24時間シャワーを使うことができる。

西成のドヤの廊下。見た目はビジネスホテルと大きく変わらない

部屋の広さは3畳で、ワイファイを使うことができる。普通のホテルに比べれば狭いが、寝るだけだし、冷蔵庫が設置されていたので、不便だとは思わなかった。

客は外国人から一般の旅行客までさまざまだ。ロビーでは日本人観光客と思しき人が、外国人女性と談笑する姿を見かけた。語学が得意でなくても、いまの時代は翻訳アプリがあるので、スマホを持っていれば会話は十分可能である。遅い時間帯になると暗証番号を入力しなければ入れなくなるので、セキュリティ面も万全だ。

だが、しいて問題を挙げるとすれば、〝音〟である。

フロントが開いているのは夜11時までで、この時間を過ぎた頃にロビーに行ったら、酒を飲んで大騒ぎしている若者の集団に遭遇した。宴会を始めたらしい。

ドヤには日雇い労働者も泊まっており、3〜4時には起きて仕事を探しに行く人間も多い。筆者も、泥棒市などを取材する際にはこの時間によくドヤを出たが、作業着を着て外出する人間に何度も遭遇した。建物は鉄筋コンクリートで造られているが、この騒ぎだと2、3階に宿泊している人間は迷惑であろう。

それに、ドヤの壁は薄い。このドヤは入り口とロビーは改装されたが、各部屋はそのままだから、隣室からイビキやらテレビの音が丸聞こえである。宿泊費が安いので仕方がないが、隣室の物音だけでなく宴会騒ぎの声まで聞こえてきては、宿泊者も気分が悪いだろう。皆さんが訪れた場合は、マナーを守って利用してもらいたい。

第4章 大阪ダークサイドスポット

女医はなぜ西成で不審な死を遂げたのか？

～いまだ謎の多い事件のあらまし～

ホームレス支援をする女医が死亡

西成で取材をしていると、暴力沙汰や薬物、自殺、殺人事件などの情報が耳に入ることも、しばしばある。取材を進めているうちに、表向きの情報とは異なる、きな臭い事実が浮かび上がることもまた多い。これから紹介するのは、筆者も過去に取材をしたことのある、いまだ謎の多い事件である。

２００９年11月16日に、大阪市西成区を流れる木津川の渡船場から１人の遺体が見つかった。

被害者である矢島祥子《さちこ》さん（享年34）は、西成区あいりん地区でホームレスなどの支援活動を行っていた人物だ。もともとは、大阪市東淀川区にある淀川キリスト教病院に勤める医師だった。この時期にホームレスの現状を目の当たりにしたことが、支援活動のきっかけだったという。

勤務先の淀川キリスト教病院を退職すると、あいりん地区に通いやすいように西成区鶴見橋のＫ診療所で、矢島さんは医師として働き始めた。そのかたわら、夜回りやホームレス支援活動などを献身的に続けていく。ホームレスだけでなく近隣住民からも〝さっちゃん先生〟と呼ばれ、いまでも彼女を慕う人は多い。

事件が起こったのは、２００９年11月14日から16日の間である。

矢島さんが勤務していた診療所を後にしたのは、14日の午前４時15分。日の出前の暗い時間であった。それ以降、彼女

遺体が見つかった渡船場

の行方はわからなくなり、2日後の16日になって、木津川の渡船場で水死体として発見された。

警察は自殺と断定した。その大きな理由の一つは、矢島さんの〝遺書〟が存在したからだ。遺書は、矢島さんの恋人を自称する男性に送付されていた。

不審なことばかり明らかになる

だが、この事件には不審な点が非常に多い。

まず、警察は遺書だと言っているが、実は男に送られたものは絵はがきで、その内容はいたって普通の挨拶文だった。

また、事件から約1カ月後には、現場から2・5キロ離れた市営住宅の自転車置き場から矢島さんの自転車が発見された。警察は矢島さんがその自転車で事件現場まで移動したと考えたが、自転車からは本人はおろか、誰の指紋も検出されなかった。

さらに怪しいのが、遺体が発見された状況である。遺体を発見したのは釣り人だったのだが、その人物は普段釣りなど趣味にしていなかったという証言がある。ふと気が向いて新たな趣味に手を付けるというのは珍しいことではないが、わざわざ肌寒い季節に釣りを始めるのだろうか。

取材を進めると、その人物が勤務していた場所は西成区萩之茶屋の商店街にある何かといわくつきのゲームセンターＰで、当時はそこの夜間責任者であったことがわかった。

筆者は事件発生当時、第一発見者のＮ氏に面会を求めた。

「誰から俺のことを聞いたんや」

と警戒感をあらわにするＮ氏。

「俺はいまも月に一回警察署に呼ばれている。何も関係ない」

そう声を荒らげて、筆者を追いやった。Ｎ氏は現在、ゲームセンターＰにはいない。

自殺から事件化へ

警察による自殺という断定に、矢島さんの遺族は抗議の声を上げ始めた。ご両親が病院を経営するなど、矢島さんの遺族には医療関係者が多い。そうした人々が遺体の様子を見て「自殺ではない」と考えたのだ。

亡くなった矢島さんの頭部には、こぶができていた。警察は報告書で死後にできた傷であるとしていたが、医学的に見ると、こぶは矢島さんの生前にできたと考えるのが妥当だという。

法医学者、上野正彦氏の死体検案書なども添え、遺族は大阪府公安委員会に再調査を求めた。ついには国会でも取り上げられる事態となり、さすがの西成警察署も動かざるを得なくなった。捜査は振り出しに戻り、死因も自殺から他殺へと切り替わった。

当然、西成警察署にとっては面白くない事態だったはずだ。大阪府警でもエリート養成所と呼ばれる西成警察署の面子が潰されたのだから。

謎が深まる事件

再捜査によって、不審な点がさらにいくつも浮かび上がっていた。

まず矢島さんが姿を消した14日早朝、彼女が診療所を去った直後に、実は警報システムが作動していた。だが、警備会社は急行したものの、診療所は無人で、人が押し入った形跡などはなかったという。

　また、矢島さんは近所のアパートから診療所まで自転車で通っていたのだが、その日、彼女が帰宅する姿は付近の防犯カメラには映っていなかった。矢島さんの自転車が見つかった場所までの防犯カメラにも、彼女の姿は映っていなかった。

　先述のとおり、矢島さんの自転車からは誰の指紋も発見されなかったが、指紋についてはさらに不気味な事実もある。矢島さんの自宅の現場検証が行われた結果、そこでも矢島さんの指紋は発見されず、それどころか何かで指紋を拭きとったような形跡が残っていたのだ。

　これに関連して、矢島さんの部屋に誰かがいたことを示すような証言もある。矢島さんが姿を消した数時間後、彼女の部屋から男女の話し声が聞こえたというのだ。事実だとすれば、矢島さんの部屋にいたのは何者だったのだろうか。

矢島さんの死後にも不審な出来事が

　矢島さんを知る西成の医療関係者は、筆者の取材に対して次のように語る。

「矢島さんとは、深夜の夜回りなどを一生懸命にやっていました。殺された理由はわかりません。何かを暴こうとも思っていなかったはずです。でも、この地域はいつも誰かが聞き耳を立てています。人に聞かれたくない内緒話でも、翌日には誰かが知っているような怖い街です」

矢島さんのことを知る別の関係者は、次のように語った。

「何も知らない、よそ者の人間が、正義感を持って何かをしようとすると妨害を受ける。また見せしめなどもある。それがこの結果やろ。だからこの街は何も変わらんのや」

西成の触れてはいけない部分に、図らずも触れてしまったということなのだろうか。何かを知っているような素振りが気になるが、関係者の多くは、いまも事件について口をつぐんでいる。矢島さんが勤務していた診療所の所長もその1人だ。矢島さんが遺書を送ったとされる人間が所属している労働組合の嘱託医も務めていたが、すでにこの職を辞職している。

また、周囲の人物には不審な出来事も起きている。矢島さんとホームレスの支援活動を行い、彼女の一番の理解者だった、S氏という人がいる。書類などを全て預かっていたとされるが、事件から数年後、居住していたアパートの火災で焼死体となって発見された。警察は火事の原因をタバコの不始末と発表している。

加えて、矢島さんに協力していた人々が何人も姿を消している。ただ引っ越しをしただけかもしれないが、不審なことが相次いでいるだけに、疑いが生じてしまう。矢島さんの死の裏には、西成の既得権益者を揺るがすような事実が隠されているのかもしれない、と。

この事件を風化させないために、ご遺族は賛同者と一緒に、毎月14日の月命日に西成の鶴見橋商店街でビラ配りなどの活動を行っている。鶴見橋商店街は、生前矢島さんが勤務していたK診療所があるからだ。

また、ご遺族の1人はミュージシャンとして、西成警察署脇の難波屋で定期的にライブを行い、事件について多くの人に知ってもらおうと努力している。事件に関心を持つ人が増えれば、捜査状況が変化する可能性もあるからだ。

矢島祥子さんのご冥福を祈るとともに、事件の真相解明を願う。

美味いカレーに入っていた肉の正体

～門真で起きた悲惨な事件に関係あり？～

【B・カシワギ特別寄稿】

友人の後輩が食べた誘惑のカレー

数年前、夜に出かけて友人とラーメンを食べに行った。友人が住んでいたのは枚方《ひらかた》という街で、なぜかそのあたりには担々麺屋が多い。担々麺を食べ、かなりの汗をかいたので帰りに銭湯へ行った。このあたりには銭湯も多い。

風呂に入りながら、「次はカレーを食いに行こう」などと友人と話し、実家のカレーの自慢をした。自分で言うのも何だが、我が家のカレーはとても美味しい。関西らしく黒毛和牛のスジ肉をたくさん入れるのがポイントだ。子どもの頃から当たり前のように食べてきたが、自慢できるほど本当に美味いのだ。

ちなみに料理自慢の母親だが、カレーや肉じゃがの煮込み料理を作るときに美味しくするポイントは「肉をケチらず多めに入れること」だとよく言っていた。

そんな話をしていると、友人が「じゃあ今度はカレーを食いましょう。後輩も連れてきますよ」という。その機会は、翌月に訪れた。僕は枚方まで、車で彼らを迎えに行った。彼が連れてきた後輩は、特別変わった感じもない好青年だった。

だが、いざ飯を食おうという段になって、友人は「カレー、今日はやめでもいいですか？」という。別に強くこだわっていたわけでもないが、一応カレーを食べるために集まったので理由を聞くと、連れてきた後輩の方を向く。そして、

「こいつ、めっちゃ美味いカレー食ったことあるんでその話を聞いてください」

と真剣な顔で言う。よく意味はわからなかったが、まあ話に興味は湧いたし、場所が近ければいまからその店に行くのも悪くはない。話を聞かせてもらうことにした。

シェアハウスの仲間が作ってくれた肉々しいカレー

彼は、その頃流行り始めたシェアハウスに住む、今時の若者だった。シェアハウスには

5人前後で住んでおり、そのうち2人が女子だそう。正確には、女の子のうちの1人はシェアハウスを卒業して出て行ったのだが、近くに住んでいるからと、当たり前のように出入りして、一緒に食事をしているのだという。この2人の女子が中心となって、シェアハウスのメンバーでご飯を作り、みんなで食べていたようだ。

当然、人気のカレーを作る日もあり、貧乏暮らしの仲間みんなで仲良く食べていたらしい。ただ、経済的にさほど余裕があるわけではないから、食材にお金はかけられない。いつも食べていたのは、具が少なくお世辞にも美味しいとは言えないカレーだった。

そんななか、年末でお金がない忙しい時期なのに、シェアハウスを出た女の子が、やたらと美味いカレーを作ってくれたことがあった。

「いままで食べたなかで、一番美味いカレーだ」

お世辞抜きに、後輩君はそう思ったのだという。

カレーには、いつもと違ってたくさんの肉が入っていた。年末だから奮発してくれたのだろうか、などと思いながら、後輩君はカレーをもくもく食べた。忙しい年の瀬だからか、もう1人の女の子は不在だった。

シェアハウスの住人がバラバラ死体に

そのまま後輩君は話を続けた。

「そのとき僕らが住んでいたのは、門真《かどま》のコーナンの近くのシェアハウスだったんです」

門真のシェアハウスと聞いて、嫌な予感がした。その様子に気づいたのか、後輩君はすぐに話を続けた。

「その数日後、シェアハウスを出た女の子が住む部屋から、もう1人の女の子のバラバラ死体が発見されたんすよ。布団の下とか、風呂場とか冷蔵庫に、死体が普通に、バラバラに置かれていたんです」

そう、これは2015年に起きた、門真シェアハウスバラバラ事件である。殺人を犯した女性と被害女性、この2人と同じシェアハウスで暮らしていたのが、後輩君だったというのだ。

この残虐な事件は、全国ニュースを連日賑わせた。

「Mさん（当時31歳）が、シェアハウスで同居していた女性のWさん（当時25歳）を殺害してバラバラ死体にして遺棄した」

「2人の間には男関係を巡る嫉妬やトラブルなどがあった」

「MさんがWさんの身分証を盗み、彼女名義で銀行などから金銭を引き出すなどの金銭トラブルもあった」

「首を圧迫して殺害し、その遺体をノコギリや包丁などでバラバラにし、冷蔵庫などに保管しながら圧力鍋で煮たりして隠蔽しようとした」

裁判の結果、Mさんは無期懲役が確定。現在は長期の刑務所に服役しているはずだ。

報道では、被害者の人肉を食べたなどという話は出ていない。しかし、後輩君が肉の多いカレーを食べたとき、被害者のWさんはシェアハウスにもういなかった。Mさんによって、バラバラにされていたのだから。

彼はどうしても、関連づけて考えてしまう。「いままで肉が少なかったカレーに、なぜ大量の肉が入っていたんだろう？　あれって本当は……」と。

彼は繰り返し言った。

「ただ、あのカレーは本当に美味かったんですよ」

門真は静かで特段遊べる場所があるわけではないが、免許センターがあるので、大阪の大半の人間は3年に一度くらいは訪れる。

僕自身も、訪れる頻度は低いものの、この街に時たまやってくる。そのたびに、街に入って大きな道路沿いにあるコーナンを見ると、胸がざわざわしてくる。もしかしたらここで鍋を購入して、この裏でカレーを作ったただろうかと考えてしまうのだ。後輩君の話からは、大阪という街の持つ闇を、感じざるを得なかった。

大阪の定番心霊スポット【B・カシワギ特別寄稿】

~自然のなかにある妙見山と滝畑ダムの怪異~

女性の霊が追ってくる妙見山

大阪の定番心霊スポットといえば、北は〝妙見山《みょうけんさん》〟、南は〝滝畑《たきはた》ダム〟だろう。都心部から少し離れた自然のなかにある心霊スポットである。大阪では免許を取った大学生がこの2カ所をドライブがてら訪れる、ということもままある。暇を持て余した日の夜に肝を冷やしたいなら、大阪旅行の選択肢に入れてもいいかもしれない。

大阪北部にある妙見山は、現在は妙見菩薩を祀る日蓮宗の聖地だが、戦国・江戸時代には隠れキリシタンがひっそりと集まった山でもある。鬱蒼としてどことなく人を寄せ付けない雰囲気があるからか、身を隠すにはちょうどよかったのかもしれない。

山を進んでいくと、一庫《ひとくら》ダムがある。ここも心霊スポットの一つで、大阪の方なら「ダムに行ったら冷たい手で足をつかまれた」なんて話を、一度や二度は聞いたことがあるかもしれない。

心霊現象が起こると噂の妙見山

山のなかには〝しおき場〟と呼ばれる処刑場跡もある。山道を走る途中、その脇にひっそりと佇む小屋だ。夜になると首が浮かび、その首に追われる、なんて話もしばしば聞く。私の友人も、その目撃者である。

彼は週に一度のデートのあと、交際相手の女性を家に送り届けていた。彼女の家は妙見山の峠を越えた先にあるので、そのまま進むのが一番近いが、彼女やその家族からは「夜の山道は危ないから遠回りして帰るように」といつも言われていた。そのため、普段は峠を迂回する道を使っていた。

ただ、時間がないときや昼間は視界も悪くないし大丈夫だろうと、峠の山道を通ることもあったそうだ。

その日は翌朝の仕事が早くて、睡眠時間を確保したいと少し焦っていた友人。23時頃と夜遅い時間だったが、峠を越えて帰ることにした。登りの道に思いのほか手間取って時間が少しかかったが、やはり迂回するよりはずっと早い。あとは峠の下り道を走って、いつもの道に戻るだけだ。

ふとバックミラーを見ると、違和感があった。バックミラーの真ん中に、女性が映っている。

こんな時間にこんな山道でおかしいと感じたが、気にしないようにして先を急いだ。しかし、その違和感はだんだんと大きなものとなる。峠道を右に左にとハンドルを切って進んでいるのに、どれだけ先に進んでハンドルを左右に振っても、女性はずっとミラーの真ん中に見えるのだ。

「こんな場所にいるはずがない、でもいないとしたらバックミラーに映っているのはなんなのだろうか……」

そう考えると怖くなったが、さらに怖ろしいことに気がついた。最初は小さく遠く感じた女性が、少しずつ少しずつ、大きくなっている。友人のもとに近づいているのだ。

恐怖にかられた友人は、引き離そうとアクセルを強く踏んだ。しかし夜の峠道だからそう簡単には進めない。女性はどんどん近づいてきて、ミラーに映る姿が大きくなる。焦った彼は下り坂だったことも忘れ、速度を増そうとアクセルを踏んだ。だが、カーブを曲がり切ることができず、山道のなかの木に突っ込んで事故を起こしてしまった。

幸い命に別状はなかったが、車は廃車になった。

理由はほかにもあったものの、彼女とは疎遠となって別れてしまったそうだ。

「もうあの山道は通りたくない。二度とあんな経験はしたくない」

事件を思い出したのか暗い表情になりながら、友人はそうつぶやいた。

おぞましい事件が起きた滝畑ダム

もう一つの有名心霊スポットは、大阪南部にある滝畑ダムだ。ダムに向かう山道、いまは使われていないトンネルという、心霊現象が起きやすい王道の条件が揃う場所である。殺人事件や死体遺棄など、おぞましい事件が実際に起きたこともあるせいか、怪奇現象に出くわしたという話もよく聞く。

たとえば、いまは使われていない旧トンネルに入ると車が止まり、アクセルを踏む足を

滝畑ダム

何者かの手がつかんでいる、という話だ。

同地を訪れた友人も、似たような目に遭ったと言っていた。トンネル内で車が止まったのでボンネットを開けると、これまで一度もそんなことはなかったのに、ラジエーターの冷却水が空になっていたという。仕方なく、暗闇のなか怯えながら近くで水を汲んできてなんとか帰れたとのことだったが、気味の悪い話である。

トンネルを抜けるところで、老婆が手を振っていたという話もある。その老婆を帰りに見てからというもの、右手が上がらないという症状に悩まされた女性もいたらしい。整体に行ったりレントゲンを撮ったり、最終的には精神科の診療も受けたが、右手が上がらない原因はわからなかった。2年ほど経ってふと元に戻ったのだという。

また、6人が乗車した車がダムに突っ込み、水の底に沈んで5人が死亡したという事故があった。報道もされたので、知っている方もいるかもしれない。

この事故には謎が多かった。運転手は手前15メートルからフェンスをなぎ倒しながら進み、そのままダムに落下。にもかかわらず、ブレーキ跡はなかったそうである。運転手には持病をはじめ、不審な症状はなかった。

事故の直後、知人が一体どんな場所なのだろうと不思議に思って、現地に向かった。ナビに滝畑ダムと入力して行ったのだが、なんとナビは、ダムのほとりからフェンスを越えて水のなかに進むように指示してきたというのだ。その場所の周辺はフェンスが倒れており、まさに5人が亡くなった事故の現場であることを示していた。

ナビの誘導によって、事故が起きたのだろうか。詳細はわからないが、滝畑ダムも大阪のある種のドライブの定番コースとして認知されている。近くを通る際は、ナビを過信しないように注意してもらいたい。

刑場だった千日前の心霊スポット【B・カシワギ特別寄稿】

～火災事故があった場所、墓地が広がる景色～

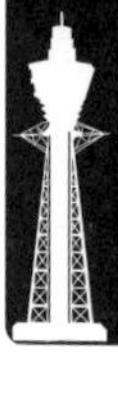

大規模火災が生じた千日前デパート跡地ビックカメラ

心霊スポットは昔話のように、人から人に伝わるものだ。そのためか、ネット社会の現代においても、心霊スポットには地域性が色濃く残る。地元では誰もが知るような定番のスポットでも、県外に出れば案外知られていないものである。そんな、地元では超定番だけど、外から見れば新鮮に思える心霊スポットこそ紹介するべきではないかと考えた。

前項では自然のなかにある心霊スポットを紹介したが、この項目では都心部の心霊スポットを紹介したい。舞台は、大阪ミナミの千日前である。まず取り上げるのは、〝千日デパート跡地ビックカメラ〟だ。

1972年、日本最大規模の火災事故と言われる火災が同地で起きた。千日デパートの3階から火が出て上階に延焼、発生したガスや炎から逃げようと飛び降りた人々は死亡し、118名という日本史上に残る痛ましい死亡者が出た。火災の原因は、3階で電気工事を行っていた作業員のタバコの不始末であることが判明したが、最終的には証拠が不十分で不起訴処分となった。

千日デパートの火災の様子（写真提供：産経新聞社）

デパートは閉鎖してプランタンなんばという商業施設に生まれ変わったが、そこでは怪奇現象が多く報告された。エレベーターの案内放送で悲鳴が聞こえる、何かが落ちる音がするといった噂である。

バイト先の同僚だった人間からは、霊感の強い母親とプランタンに行ったときの話を聞いた。訪れたのは真冬だったが、母親は「熱い。熱いから入りたくない」と言って、入店を拒否したそうだ。

プランタンは2000年に閉業したが、2001

年からビックカメラが入るビルへと生まれ変わった。人気を博し、人々が買い物に訪れるようになったが、ここでまた新たな怪奇現象が報告される。プランタン時代から囁かれていた7階、8階のトイレがやばいとの噂である。

「女性のすすり泣く声が聞こえる」「足が見える」など、多く聞くのはトイレの個室に入るとドアを叩かれるという噂である。強くドアを叩かれるから驚いてドアを開けるが、誰もいない。逆に、ドアが開かなくなって焦って開けても、外には誰もいないという話もある。そうした噂は現在の大阪でも聞くことがある。そのためこの地の過去を知っている人のなかには、「建物にも入るのは少し怖い……」と拒否する人もいる。

アムザから見える景色とは

続いて紹介するのは、ビックカメラの道向かいのビルに入る、〃アムザ1000〃という男性用サウナ施設だ。この施設は宿泊も可能で、飲んで帰れなくなったサラリーマンや、地方から遊びに来た独身者には優しいお値段と立地の良さで人気。ただ、ここも昔から、怪奇現象の噂が絶えない。深夜になるとスチームサウナに首を吊った人の影が見えるというから恐ろしすぎる。

そこで目にする景色は意外なものであろう。ビルから外に見えるのは、都会のど真ん中だというのに所狭しと並んだ墓なのである。こんな都会になぜ？　とは思うものの、先にも書いたとおりそもそも千日前は墓地であり刑場なのである。実はこのアムザとビックカメラの前こそが、かつてさらし首が行われていた、いわくつきの場所なのである。

千日前のビックカメラとアムザの周辺。近くには松林庵という墓地がある（JIRI / PIXTA）

千日前は昔から人の往来が多かったので、さらし首にはぴったりだと思われていたらしい。当時は見せ物としての面もあったため、単純に暗い、怖いなどのイメージと結びつけるのは短絡的ではあるが、死んでいった者たちの苦しみは、多少なりこの土地に怨念として残っているかもしれない。そう考えると怖ろしい気になるものだ。

実際、この町に住んでいると、千日前ってやっぱり怖いと感じることがある。たとえば、墓地の横にある花屋だけでも3度以上は消防車が来ていて、千日前周辺の飲食店も他の地区に比べて5倍くらいの数でボヤ騒ぎがある。人口密度が高い地区なので火事の起きる可能性が高いのも致し方ないのかもしれないが、やはり多すぎである。同エリアの法善寺横丁の火災も、大きな被害が出た。ひょっとして呪われているんじゃないかと少し考えてしまうが、もちろん普段は平穏無事な商業施設なので、ぜひ一度足を運んでほしい。

大阪ミナミ ラブホテル街の怪事件【B・カシワギ特別寄稿】

~密閉空間で起きた悲惨な事件~

ラブホテルの怪

人が多いと事件が起きる。都会ではどうしても、人間のネガティブな面も見え隠れするものである。特に、人の欲望渦巻くラブホテルが舞台になると、アングラな雰囲気はグッと増す。大阪の場合、ミナミのラブホテル街がそのいい例だ。

「アメリカ村エリア」「島之内エリア」「なんばエリア」「谷町エリア」など、ミナミにはラブホテルエリアがいくつもある。特殊な建築様式であったり、独特のピンクな色合いだったり、派手な電飾があったりして見所は多いが、注目してもらいたいのはラブホテルのルールだ。多くのラブホテルは、「出入り不可」「3人以上の使用不可」「男性2人の使用不可」

というルールを設けている。なぜか。そこには、過去に起きた事件が深く関わっている。

そもそも、かつてラブホテルは出入り可能で、性別関係なく使用できた。カップルが性行為に至る場という特性上、見知らぬ第三者が部屋に侵入することは難しい。それに密室となっているので、鍵などのセキュリティは普通のホテルに比べても高く、防音性もいい。

そうした秘匿性の高い空間であることから、ラブホテルは逢引き以外にも、密談に利用されることも多かった。特に大阪ミナミでは、違法ドラッグの受け渡しや密売の場所としても、大いに利用されていたのである。

しかし、密閉空間というのは、トラブルが起きたときは大変だ。「ドラッグを手に入れたいと約束を取り付けたものの手持ちの金がない」。そんな些細なものから大きなものまで、トラブルは絶えなかったのだろう。一部のホテルでは悲惨な事件も起きている。

ＡＶ女優の悲劇

1999年、映画でしか見ることがないような殺人事件が、都会の真ん中で起きた。谷町のホテル「N」で、AV女優の里中まりあさんが顔を銃で撃ち抜かれて死亡したのだ。

里中さんは21歳という若さでこの世を去ることになった。

犯人は50歳の暴力団組員で、里中さんとトラブルを起こした末の凶行だった。逮捕された犯人には、懲役17年の実刑判決が言い渡された。事件現場となった谷町のラブホテルは、その後に名前を変えて営業している。

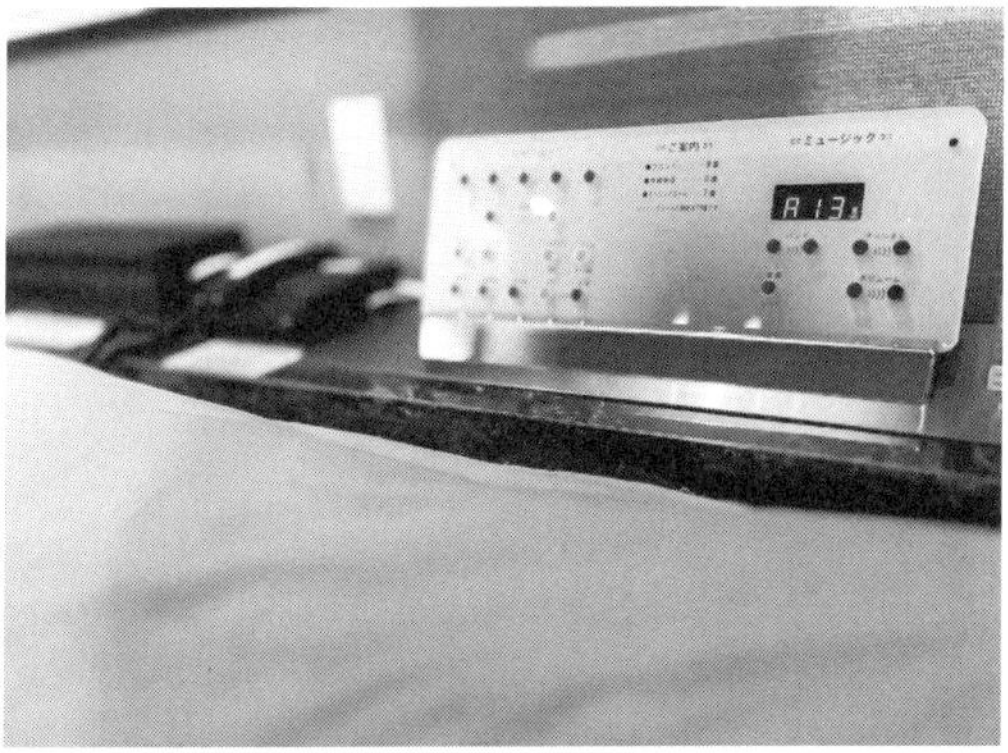

密閉空間のラブホテルは犯罪に利用されることもしばしばある

千日前のホテルでも凶行が

千日前のホテル「A」では、過去に殺人事件が何度か起きている。恋人同士のトラブルなどもあるが、デリヘル嬢を呼んだ末に行われた殺人事件もあったようだ。

ラブホテルは、普通の旅館などと違って自分の身の上を語ることもなく、従業員と対面で会うこともなく入ることができる。そんな場所を風俗で利用するということは、名前も知らぬ会ったばかりの相手と2人きりで、密室で裸になるという特殊な状況である。

こんなこともあった。

ある男がホテルAの部屋にデリヘル嬢を呼んで殺害、逮捕された。それからしばらく経った2022年の寒い夜、ホテルAの裏の駐車場に、立ち入り禁止のトラロープが張り巡らされていた。何かあったのかと気になって周りにいた人に話を聞くと、「どうも飛び降りがあったらしい」とのことだった。驚きながらその場を離れたのだが、数日後、詳しい話を聞いてさらに驚いた。

飛び降りたのは、かつてこのホテルでデリヘル嬢を殺した男だった。男は刑務所から出所したが、社会に馴染むことが難しいと感じたのか、同じホテルの同じ部屋にやってきて、別のデリヘル嬢の殺害を試みたというのだ。

女性は抵抗してなんとか難を逃れ、通報することができた。追い込まれた犯人は逃走を諦め、飛び降りたとのことであった。このホテルは同じ部屋から2人の死亡者を出してしまったのである。

悲劇が起きたホテルはルールがゆるい？

ほかにも、アメリカ村のホテル「U」では拳銃を使った一家心中事件（家族には10歳の少女を含む）が起きたし、ミナミ周辺のホテルでは、自殺は割とよく起きる。事件が起きると、そういう場所だとイメージがついて、負の連鎖がとまらないのかもしれない。

こうした事件の影響で、先ほど挙げたホテル利用のルールができたわけだが、なぜか事件が起きたホテルほど、いまだにルールがゆるかったりする。不思議なことに、複数人でも入ることが可能だ。不謹慎だが、皆さんも3Pの予定があれば参考にしてほしい。

ちなみに、ラブホテルのネガティブな噂は、ホテルに連れ込む口実として有用らしい。噂の多いホテルは流行るなんてこともよく言われる。「事故物件やから見に行こう！」「幽霊出るから行ってみよう」などという誘い方は意外と役立つようで、オカルト好きな女子などには喜ばれるのだとか。というわけで、ぜひ訳ありホテルのことも覚えおいてほしい。あなた自身が霊感の強い人ならば、本当に〝見えてしまう〞可能性もあるため、オススメはしないが。

ミナミで起きた凶悪殺人事件の数々【B・カシワギ特別寄稿】

～未成年による残虐すぎる事件～

ミナミの美人局

ミナミの事件は、時折全国ニュースを騒がせる。記憶に新しいところでは、女子中学生による美人局《つつもたせ》事件が挙げられる。マッチングアプリで呼び出した男子大学生を仲間の男性たちと脅したところ、学生は逃亡。その最中に学生がビルから転落して死亡した事件だ。歓楽街のど真ん中ではないとはいえ、多くの人が往来する場所であった。

事件後、女子中学生は少年院へと送致された。大阪家裁いわく、「美人局を手口とした常習性も認められる」とのこと。裏を返せば、それだけ未成年売春の需要があるということだろう。ロリコンに寛容な国だからだろうか、違法行為であるにもかかわらず、売春は援助交際・パパ活などと名前を変えて根強く続いている。

また、心斎橋の中心街で、日中通り魔に突然刺され、男女が亡くなる事件があった。被害者男性が有名ゲーム音楽プロデューサーだったことで、世間にも事件のことが広く知れ渡った。

未成年による凶悪事件が起きたビル

そうした数々の事件のなかでも特に凶悪なのが、「大阪・愛知・岐阜連続リンチ殺人事件」だろう。

事件が起きたのは、難波の繁華街中心地に程近い、人通りの多い商店街のすぐ横だ。凶悪事件を起こすことになる未成年たちが溜まり場にしていた場所である。現在もその事故物件は、ひっそりと佇んでいる。

事件は、1994年に発生した。主犯格の不良少年3人を中心としたグループが、街で出会った若者と口論の末、溜まり場に監禁。身体の自由を奪い暴行を加え続け、面倒くさいから処理しようと命を奪った。その後も逃走先などでトラブルを巻き起こし、10日間で

凄惨な殺人事件が起きたのは難波の繁華街のすぐ近く

4人の命を奪っている。最終的に、未成年の3人の主犯格が死刑判決を受ける結果となった。

日本の少年事件史上でもかなりの凶悪犯罪だが、事件発覚後の1995年1月17日に阪神・淡路大震災という未曾有の災害が発生したことで、彼らについての報道はかき消された。そのため、事件の重大性、凶悪性に比べて、驚くほど一般的に認知されていない。犯行現場となった場所にいまいる人たちも、事件のことは何も知らないのではないだろうか。

極刑確定翌日に東日本大震災発生

ちなみに、この話には続きがある。

さらに時は進み、事件当時未成年の犯人3人には、全員死刑判決という重い判決が確定した。広く報道されるかと思いきや、なんとその翌日に、東日本大震災が日本を襲った。

2度も震災が重なった影響で、結局この事件は世間にさほど広まらなかった。大阪随一の繁華街・道頓堀を中心に起きた事件であるにもかかわらず、である。

そもそも人が集まる場所であった道頓堀近辺だが、千日前はかつて江戸時代には刑場であった。川も通り、死が近い場所ではあるが改めてこの街は死の匂いが強いと思う。「グリ下界隈」と呼ばれる若者たちを巻き込んだ道頓堀川での殺人事件、千日前のなんでもない道路で起きた大物芸人・中田カウスさんの襲撃事件など、ほかにも多くの事件が起きている。

実はミナミという街には、さまざまなかたちの悲劇が隠れている。こんな荒っぽい事件が起きたのかと歴史を感じながら街の空気を味わうのも、旅行の醍醐味の一つかもしれない。

おわりに

大阪は、東京に次ぐ日本第2の大都市だ。多くの人間がそこで暮らし、日々の仕事に奮闘している。歴史ある地域でもあるから、観光のためにやってくる人も多い。

人の往来が多ければ、裏の顔もまた多くなる。そのうちの、いまの時代を映す裏、いまを生きる人たちが知りたくなるような裏を、本書では紹介してきた。

お読みいただいて、大阪の裏側を自分の目で見たいと思った方は、早めに訪れることをオススメする。最近の大阪は、万博の影響で再開発が進んでおり、きれいな、どこにでもあるようなエリアが増えているからだ。本書を読まれる方なら、そんな着飾った大阪に興味はないだろう。筆者も同じである。

もっとも、本書で紹介したのは大阪の裏の一端だ。まだまだ掘り下げてみたいテーマはある。それに、本書であえて触れなかった部分もある。現在進行形で人々が暮らす場所を取り上げる以上、関係者に迷惑をかけないように書くことが、最低限のマナーだと思っているからだ。

長年大阪を取材してきたが、本書執筆にあたって改めて取材をしたところ、刻々と変化する大阪の裏側をこれでもかと見せつけられ、圧倒された。取材に応じてくれた方々のおかげで、ガイドブックやネットではわからない、生の大阪の姿を反映することができた。それに、特別寄稿していただいたB・カシワギさんや用心棒勝男のおかげで、地元に密着していないとわからない、ディープな話も本書に盛り込むことができた。協力者の皆さんには、感謝したい。

また、本書を手に取ってくださった読者の皆さまにも、お礼を申し上げたい。読者の方々のように、ありのままの大阪を堪能したいと思ってくれる方々がいなければ、本企画は成立しなかっただろう。ありがとうございました。

２０２４年10月　花田庚彦

著者略歴
花田庚彦（はなだ・としひこ）
東京都生まれ。週刊誌記者を経て、フリーライターに。独自のルートを活かし、事件や違法薬物などアンダーグラウンドの現場を精力的に取材。現在は実話誌やwebメディアに記事を寄稿している。著書に『西成で生きる』（彩図社）がある。加茂田重政（三代目山口組組長代行補佐・一和会理事長）の著作『烈侠』では聞き手を、正島光矩（元神戸山口組宅見組幹部）の著作『ジギリ』では構成を務めた（いずれも彩図社）。

p188-195　初出「トカナ【必読】未解決・西成マザーテレサ事件の最新取材！矢島祥子先生は自殺ではなく他殺、次々と消える関係者…」
https://tocana.jp/2020/07/post_163541_entry.html

本扉画像：genki / PIXTA

※写真の一部はプライバシーに配慮して加工しています。

大阪 裏の歩き方

2024年12月25日第1刷

著　者　花田庚彦

発行人　山田有司

発行所　株式会社　彩図社
東京都豊島区南大塚3-24-4
MTビル　〒170-0005
TEL：03-5985-8213　FAX：03-5985-8224

印刷所　シナノ印刷株式会社

URL：https://www.saiz.co.jp　https://x.com/saiz_sha

ISBN978-4-8013-0748-3 C0026